父母必修的

29節

教育心理學

父母
必修的 **29** 節
教育心理學

前 言

　　春節期間，一位母親帶著五歲的女兒去逛當地最大的百貨公司。她認為小女兒一定會喜歡那裡漂亮的衣服、洋娃娃和各式各樣的玩具。可是，一到那裡，不知怎麼一回事，她的小女兒竟開始輕聲地哭泣，小手緊拉著她的大衣。

　　「妳怎麼了？不要哭了，售貨阿姨不接待愛哭的孩子喔。」她說。

　　「噢，也許是孩子的鞋帶沒繫好吧。」在走廊裡，她靠近自己的小女兒，蹲下來幫她繫鞋帶。

　　這時，她無意中向上看了一眼。這是第一次，她從一個五歲孩子的眼睛裡看到周圍的世界！沒有玩具、沒有禮物、沒有裝飾華麗的展售區，只有一片混亂的、看不見底的走廊……人的大腿、屁股、腳，以及其他的龐大物體正在亂推亂撞，看上去實在很可怕。

前言

　　她立即把孩子帶回家，並發誓再也不把自己認為感興趣的事強加在孩子身上。

　　世界上的事說難也難，說容易也容易。當你在為「我家有子／女初長成」滿心歡喜的時候，是否也曾發現他／她總是出現這樣或那樣的狀況？不要說孩子變化快，真正的原因僅僅是：你根本就沒有站在孩子的角度看待問題。

　　本書從孩子的角度出發，利用許多生動有趣且具有哲理的小故事，將你帶入孩子的內心世界，同時針對每類問題所設計的解決方案及小建議，定能助你一臂之力。

　　世上沒有教不好的孩子，只有不會教孩子的家長。遠離校園多年的你，今天也該唸唸書，上上課，瞭解一下教育孩子的戰略戰術。

♥ CHAPTER 1
讓孩子做最好的自己 ──
愛的心理學

美國前任總統布希的母親芭芭拉說，她的父親告訴她，做父母的只能送給孩子三件最有價值的東西：一是最好的教育；二是樹立一個好榜樣；三是所有的愛。怎樣做到這三點呢？請從孩子最基本的需求入手吧！

♥ CHAPTER 2
讓孩子學會「做人」——
品德教育的心理學

家庭是孩子的第一課堂，父母是孩子的第一任老師。父母是孩子進入社會最初的模仿對象，孩子從父母那裡學會的某種習慣和處世態度，對其一生的發展產生極大的影響。當你培養孩子成為各種優秀人才的時候，千萬不要忘記：讓孩子先做一個堂堂正正的人。

目錄 contents

♥ CHAPTER 3
健康的身體，健康的生活 ——
生活教育中的心理學

如果一個人用一千元買你孩子的一隻手指，用一萬元買他的胳膊，用十萬元買他的腳，用一百萬買他的身體，用一千萬買他的生命？你會把孩子賣掉嗎？當然不會。那就對了，世界上沒有什麼能比擁有一個健康的身體更讓人感到幸福和滿足。

CHAPTER 1
讓孩子做最好的自己──

愛的心理學

美國前任總統布希的母親芭芭拉說，她的父親告訴她，做父母的只能送給孩子三件最有價值的東西：一是最好的教育；二是樹立一個好榜樣；三是所有的愛。怎樣做到這三點呢？請從孩子最基本的需求入手吧！

第一節
對孩子表達
「愛」

　　十歲的小女孩能做些什麼？在想些什麼？你也許會
有成千上萬種答案，但你無論如何也不會想到，一個十
歲的女孩竟會一腳把自己養的一隻小雞給踩死。

　　只因為她看到母親幫自己給小雞餵食的時候，覺得
母親對小雞比對自己更好。

　　一隻小雞，就因為一絲妒忌之心，喪命在一個十歲

CHAPTER 1

讓孩子做最好的自己——
愛的心理學

小女孩的腳下。

這不是一個故事，這是一個事實。無可否認，小女孩的想法過於偏激，但試想，如果平時這位母親能略微表達一下對女兒的疼愛，也許這樣的事情就不會發生了。

其實，任何一個孩子都需要父母的愛，被愛使孩子有安全感與價值感。父母對子女示愛時，除了使孩子感受到被愛的滿足之外，也使孩子知道因何事而被愛，從而學到是非觀念。

更有調查顯示：如果經常對孩子說：「我愛你！」「你是我的寶貝！」等，以及經常擁抱、撫摸和親吻孩子，會慢慢地讓孩子覺得有自信。

孩子們長大後注定要在充滿壓力的環境中生存，而自幼就得到親子行為溫暖的孩子將來較能適應社會環境的壓力，並避免那些與壓力有關的疾病。

高爾基說：「愛孩子，這是連母雞都會的。」大家都知道，「母愛」是無私的奉獻，但在這裡，「無私的奉獻」並不是「崇高」的代名詞，因為「母愛」是任何

動物都具備的一種本能，人和動物的區別在於人有意識。

因此，人在愛自己的孩子時頭腦一定要有清醒的意識，要有原則地、理智地去愛。但是，許多家長「望子成龍」心切，卻不知道怎樣合理地去愛孩子，甚至造成了以下幾種不正確的教養態度。

♠ 溺愛型

這類家長很愛孩子，但這種愛缺乏理智和分寸，總是想盡辦法滿足孩子的一切需求，包括無理的要求。久而久之，父母的權威就喪失殆盡，教育便無從談起。

這種教養形態下的孩子自然是任性、自私和懶惰的。在幼稚園中，他們是很難與同伴相處融洽的，對於老師的教導也是難以接受的。

♠ 放任型

這種類型的家庭無論孩子做了什麼事一點也不關心，也不責備，讓子女自由地做自己想做的事，放任孩子自行發展，對孩子的教養幾乎為零，對子女的行為沒有明確的或沒有什麼要求，對他們的獎懲往往是隨心所

CHAPTER 1

讓孩子做最好的自己—
愛的心理學

欲的。或者，這類父母本來就以自我為中心，業餘的時間大多花在自身的娛樂或工作上。

♠ 專橫型

與以上兩種方式截然相反，在這種教養方式下的孩子，意見和願望不容易表達，正當的需要得不到滿足，他們常常受到父母的斥責和禁止，得不到應有的溫暖和尊重，缺乏參加團體活動的機會。家長和孩子之間缺乏溝通。

在這種教育方式下，孩子易形成畏懼、利己、缺乏安全感、對人不能寬容等性格。在與同伴的相處中，也比較不會利用語言去跟別人商量、溝通，而大多是用一些粗暴的行為去滿足自己的需求，如搶玩具、搶椅子等。

♠ 不一致型

這一類型的家長對待子女的態度，依父母當時的心情而異，有時非常嚴厲，有時非常溺愛；或是父母雙方或家庭成員之間一方非常嚴厲，另一方非常溺愛，對子女的態度不一致。

這一類型的家庭對孩子的教育是有意識的，但方法多變，配合不好，以致教育效果不理想，也容易引起各種矛盾，對孩子的成長形成許多不利的因素。

愛孩子是父母的天性，有意識的愛孩子是培養孩子安全感和勇氣的最重要的方法。當孩子被無條件的愛著的時候，他的自信心會大增，在他的心靈中會感受到自我價值的產生。

很多家長對孩子的愛是有條件的，要求孩子做出相應的行為或取得相應的成績，然後再給予孩子與之相適應的愛，家長與孩子的關係變成了「生意」關係。

這種有條件的愛，大大地扼殺了孩子的自尊心。這會讓孩子覺得自己不夠好，自己還需要做出相應的動作，父母才會愛自己。在孩子的意識裡感覺是屈辱的，是人格的貶損，是自尊心的傷害。

心理學家認為，孩子最需要的愛就是無條件的愛。孩子最害怕的就是被遺棄與遺忘。對孩子來說，母親的愛是無條件的包容，這種無條件的愛會使人感受到很深

CHAPTER 1

讓孩子做最好的自己——
愛的心理學

的「安全感」。

人一旦有了安全感，自信、穩定、自在的感覺就會油然產生，這樣，人才能勇敢地冒險，不怕艱苦。這種愛的需要是人類最基本的需要。

有人說：美國是孩子的天堂。那麼就讓我們看看美國的父母是如何關愛自己的孩子。

一位美國爸爸這樣說：

「我會常常用又大又暖的毯子裹著女兒，帶她到庭園裡，讓她坐在我的大腿上，我們一起觀賞月亮和星星，這對我們倆來說是最美好的時候。

我給我的每一個孩子，都保存了一本他們四到九歲的日記。我讓他們知道，我是多麼地愛他們。沒有這些記錄，他們的一些重要瞬間，美妙時刻將很快就被遺忘，也靠著這日記，他們成長中的趣事、思想、乃至『惡作劇』都能如實地記錄下來。

記得在我還是小孩的時候，我的父親常雙手握住我的手，用慈愛的雙眼凝視著我，然後握我的手三次，好

像對我說：『我愛你。』現在我也用同樣的方式，試著握住我女兒的手，女兒會用雙手回握我，我覺得非常感動。」

一位美國媽媽這樣說：

「我是一個職業婦女，每天都得很早就出門，我的小寶貝們很少能對我說『再見』。為了能讓他們知道我有多麼地愛他們，每天早上離家前，我都先悄悄地進入他們的房間，給他們每人臉上留下一個深深的吻，到孩子們起床時，會從鏡子裡看見媽媽留下的吻，讓他們知道媽媽是愛他們的，並向他們說『再見』。

每逢週末，我會把準備好的午餐放在一個野餐籃裡，帶著我的四個孩子到郊外去野餐。那一整天，就我和孩子們一起散步、放風箏、玩球。我的小寶貝們知道，這是一周中最美好的時間。」

你像上面的爸爸媽媽一樣對孩子表達愛了嗎？

CHAPTER 1

讓孩子做最好的自己——
愛的心理學

🖊**本節筆記：**

任何孩子都需要愛，他們對愛的需要遠遠勝於對玩具的需求。請給孩子正確的、無條件的愛吧！

✓ **你能這麼做：**

與孩子道別時揮揮手；

孩子回家時給他一個問候；

輕輕地拍拍孩子的肩；

臨睡前給孩子一個吻……

第二節
尊重孩子的權利

有一位母親當了三十多年老師，卻犯了一個後悔莫及的錯誤。

一天，她發現兒子在自己的房間裡煩悶地走來走去，她非常的替孩子著急。她隱約知道，上高中的兒子在談戀愛，可能是碰到了什麼挫折，她暗暗祈禱：兒子啊兒子，你可要有點出息，別為這麼一點小事想不開！

CHAPTER 1

讓孩子做最好的自己—
愛的心理學

　　過一會兒，兒子出門了，媽媽再也按捺不住急切的心情，便想盡辦法撬開兒子的抽屜，取出了兒子的日記。

　　可是，當她翻開日記時，手卻像被燙到一樣、原來兒子在日記中夾了一張紙條，上面寫著：「媽媽，我猜妳一定會來偷看我的日記，我瞧不起妳！我有煩惱那是我自己的事，妳不必管我，我自己可以度過這一關的！」這位母親說：「道高一尺，魔高一丈。我低估了孩子的能力，我應該尊重孩子啊！」

　　孩子是什麼？孩子不是玩具、附屬品、寵物、機器……最簡單的解釋當然是「人」。所以孩子也有天賦人權，但在我們的民族性裡，孩子的諸多權利常常是被忽視的。我們常常以那種君臣的心態面對孩子，父母、老師是皇帝，孩子是臣民，成人永遠沒有錯，孩子卻總是錯得離譜。孩子在成長的過程裡，只是被保護、被限制、被約束、被處罰，但他們該有的應該被尊重的權利卻很少被提及。

　　孩子常常被父母用來滿足自己未曾完成的夢想，於

是他們沒有自己的理想，有的只是大人的期待。

尊重孩子，是因為孩子一出生，就是一個獨立的個體，並且被認為是一個權利主體。他／她不是父母的附屬物品，他們的人格尊嚴受國際、國家和地方各種法律法規的保護。所以父母應該尊重孩子，上面這位母親認為孩子能力提高了，才意識到要尊重孩子，其實是不正確的。從法律角度講，無論孩子是否有這種「能力」，他們都應該受到尊重。

從另一個角度來說，只有被人尊重，孩子才可能獲得自尊，並從而學會尊重別人，而自尊和尊重他人是成為一個具有健康人格的人的首要條件。由於孩子年幼，自尊意識處於萌芽狀態，特別容易受到傷害，所以更應當給予保護。可以說，你是否尊重孩子，這將會影響到孩子一生的發展，這是值得父母們予以特別重視的。

年輕一代的父母們對民主的意識有足夠的認識，無論美國還是其它國家，在人際關係及工作問題上，常常能很自然地運用民主的方式來處理。

CHAPTER 1

讓孩子做最好的自己——
愛的心理學

　　但在家庭中，在對待孩子的教育上，卻時常暴露出潛在的家長意識，其中很重要的原因是因為家長們認為孩子們年幼無知、體力缺乏、毫無經驗，需要在自己的保護傘下，並對他們負有全部的責任，因而也就用了權力來指揮他們。於是表現出獨斷專行、主觀片面，站在成年人的立場去感受孩子的感覺。

　　在這種思考模式的引導下，位置便有了傾斜，過分看重了自己的權利而忽略了孩子們的權利。每一個孩子都是具有主動性的個體，因而也就有了權利。即使孩子在很小的時候，也不能忽視他的權利，隨意調遣。

　　尊重孩子，按照《兒童權利公約》所說，就是要尊重孩子的生存權、發展權、受保護權以及參與家庭、文化和社會生活的權利。根據《未成年人保護法》，這些權利一概受到法律的保護，當然還包括兒童的隱私權（偷看孩子的日記、信件就是侵犯了孩子的隱私權）。

　　孩子其實應該有很多被尊重的權利，但卻常常被忽視了：

父母必修的 29 節教育心理學

♠ 平等權

孩子是世界和平的象徵，在孩子的世界裡沒有國界、階級、種族、職業、性別、偏見等，但成人世界的不平等觀很快就會感染給孩子。所以老師應該傳授孩子什麼是真正的平等權，一種不以成績、不以長相、不以家中財富作指標的平等。

人生本來就有智愚之分，也有興趣與品味不同之別，這些差異足以左右孩子在學校裡的表現，但那不代表孩子的全部。跑不快的孩子也可以享受與人競逐的快意；圖畫畫不好的孩子，依然可以彩繪出他心中的天地。

但是老師的否定與拒絕會是一個重要的變數。惟有平等的對待，孩子才不至於在挫折中失去學習、生活的樂趣。平等地看待每個孩子，孩子方能學會平等地看待自己。

♠ 分享權

孩子有權把在學習中所看見的、所聽見的、所想的一切「報告」給成人，包括宇宙的變化、天地的迷惑、

世界的困境,這叫分享。孩子是很善於與他人分享的,只要你給他這份權利。反而是我們成人把這項有趣的法寶早早地遺忘殆盡。

而分享應該是雙向的,家長快樂的事也可以和孩子說說。別說這只是個人的想法,其實孩子從不這樣認為,他們以能分享家長的心事為榮,只要你給他們機會,孩子會很樂於聆聽。

♠ 體驗權

體驗是孩子汲取智慧的泉源,體驗是促進兒童心智發展的花園。但我們的父母、老師卻常常會不由自主地阻撓孩子去體驗世界。

在自覺或不自覺中我們剝奪了孩子與日月星辰、山川泥土肌膚相親之權,也剝奪了孩子感知生命的權利。所以儘管今天的孩子帶著很多的知識來到學校,他們帶來了對身邊和遙遠世界的廣闊的視覺認識,帶來了大量的圖像、事實和幻想,然而今天的孩子在他們的成長過程中,卻越來越遠離自然界。

可是老師、家長應該明白，沒有親身體會，難以建構出自己的一套智慧邏輯。所以，讓我們把體驗權還給孩子，告訴他們：讀萬卷書，不如行萬里路。

♠ 探索權

人究竟是如何長大的？是「探索」。人總是在各式各樣的探索中找出自己的定位。然而父母的擔憂、禁忌，卻是妨礙孩子探索的最大的元兇，孩子的探索或許會因此而戛然而止。

所以孩子說我想知道魚睡覺閉不閉眼睛，家裡的灰塵為什麼特別多，蜜蜂是如何採蜜、築巢、做蜂蜜的，茶是怎麼種、怎麼摘、怎麼採、怎麼做的……，父母不要給予太多的限制，也不要說這與我們的學習毫無關係。

探索是頑皮的，父母應該予以容忍。探索是危險的，父母應該給予安全。太多的限制只會毀滅孩子的智慧，會妨礙他們成長為真正的人。

♠ 獨立權

獨立的孩子比較有主見、喜歡爭論、不聽使喚、常

CHAPTER 1

讓孩子做最好的自己──
愛的心理學

常特立獨行，既有的成規不一定能應用在他們身上，他們不喜歡受到束縛，更不想聽從天命，墨守成規，如果孩子時時響起與家長節拍不和的聲音，必然會令人頭疼。所以父母寧願提供枷鎖，也不願讓孩子放手一搏。不過，給孩子獨立權，讓孩子自己演自己，允許孩子在很小的時候就可以宣佈思想獨立、人格獨立、個性獨立、興趣獨立、品味獨立、說話獨立（有自己的表達方式）、欣賞角度獨立，這需要極大的雅量與容忍，容許孩子有自己的聲音，容許孩子可能犯錯誤，容許孩子跌跌撞撞。

孩子其實不怕跌倒，怕跌倒的是成人，他們是用跌倒的方式認識這個原本陌生的世界，如果生命需要成本，跌倒就是該付出的成本之一。

孩子還有很多的權利，如生氣權、快樂權、運動權、被鼓勵權等等。說以人為本，那麼首先從承認孩子也是「人」開始，真正從人性出發尊重孩子一切的天賦人權，尊重意味著孩子有權決定自己的事物，在尊重的環境裡成長的孩子才有機會慢慢浸染人文色彩。

也許，您看了這些權利之後會覺得站不住陣腳，這麼點大的孩子有這麼多權利，誰還管教得了？其實，一個珍惜自己權利的人，比一個不珍惜自己權利的人更好教育，因為所有兒童權利都在教會孩子如何做個人見人愛，受人尊敬的人，而不是其它。

✎ **本節筆記：**

當父母們尊重孩子的權利，並引導孩子珍惜自己的權利時，真正有益的教育才能開始。

✓ **你能這麼做：**

不要隨意翻看孩子的日記、信件，請允許孩子自由申辯；讓孩子在你的建議下做些體驗探索活動，把自己的心事、好事和糗事與孩子共同分享一下……

第三節

適當的給予關注

有這樣一個小故事：

我曾經和花兒對過話，就那麼三句話，那是在一個很特殊的痛苦狀況下發生的故事。

八年前安眠藥沒能奪去我的生命，接著連續失眠了七天七夜，吃不下任何東西，最後一天我作了一個夢，而夢醒了以後，我就可以和花兒對話了，那是生平第一

次，也僅有那麼一次。

我問花：「你為什麼不說話？」

花答：「因為你沒有在意我。」

我又問：「那你為什麼現在願意說話了呢？」

花答：「因為你現在在意我了。」

我又問：「你為什麼存在，為何而美麗呢？」

花答：「為了在意我的那些人。」

這三句話震撼了我的整個生命。

我願意透露這個能夠讓人覺得屬於祕密的故事，只是想說一句：「關注是一種愛，至於愛得多深，那就要看你關注的有多深多細緻了。」

而每個孩子都需要從父母那裡得到足夠的重視。孩提時代缺乏關注的人往往自私，執拗，不懂得體諒別人，也往往不信任自己。

一天，一個中學校長氣沖沖地對班導師說：「我剛才去上廁所，回到校長室，正好看到這個女孩在翻我的抽屜，手裡還拿著兩枚五元的硬幣。」

CHAPTER 1

讓孩子做最好的自己—
愛的心理學

班導師聽後氣急敗壞地對女孩説：「昨天妳私自進入美術室拿走四塊橡皮擦的事，都還沒有解決，今天居然……」班導師像洩了氣的皮球般坐在椅子上，打量著眼前這個膽大妄為的女生：亂糟糟的頭髮，髒兮兮的衣服，光看外表就覺得這是一個不惹人喜愛的孩子。

「妳去校長室拿了多少錢？」

「十元。」

「要做什麼？」

「買鉛筆。」

「為什麼不跟家長要？」

「他們不給，説我亂花錢，他們只喜歡弟弟。」最後那句話充滿了委屈。

放學後，班導師去了女孩家做家庭訪問。

女孩所謂的家充其量只能算是個臨時搭建的違章建築，裡面悶熱、潮濕，屋裡亂七八糟的堆滿了生活必需品和工作的工具。與父母的談話中班導師得知：女孩從小在鄉下長大，爺爺奶奶也甚為嬌寵，為了上學才來大

父母
必修的29節
教育心理學

城市與父母一起生活，家中還有一個弟弟，父母在車站靠幫人擦皮鞋為生，每天早出晚歸，忙於生計，無暇顧及姐弟的生活，即使有空閒，也只對家中的男孩多關注一些。於是經常看到女孩髒兮兮的衣著，亂糟糟的頭髮，同學的疏遠也就難免了。女孩小時候也是被爺爺奶奶寵愛著長大的，如今在家中在學校都倍受冷落，幼小的心靈就這樣迷失了。

其實女孩是缺乏關心，得不到成人世界的肯定和鼓勵，孤獨的她需要用各種反常的行為來引起成人世界的關注，加之小時候在祖父母身邊長大，難免任性，缺乏良好的行為習慣，父母又沒有耐心和時間來關心教育她。

女孩很孤獨，父母的忙碌，平庸的學業表現，使她失去了家長和老師應有的關注，她用激烈的行為來尋求關注，想藉此引起老師和家長的重視。

其實現在的獨生子女都很孤獨，家長幾乎把所有的精力都放在生活的忙碌和生存的壓力上，好像這才是生活的本來意義和目的，老師忙於透過考試和課外教材來

提高教學的品質，好像這才是學生在學校的唯一目標，人們無暇或疏於透過口頭或肢體的語言向自己的親人表達關注的情感。

孤獨的孩子有的沉默，有的內向，有的借助於電視，有的借助於同學或朋友，不斷尋找彌補的方式，他們的成長儘管不缺乏物質的滿足，不缺乏知識的灌溉，卻缺乏應有的愛和關注。

試想，人群中除卻少數優秀和少數後進的以外，其餘的卻都是大多數，他們沒有傲人的成績，也沒有異常激烈的行為，每天不需要父母和老師費多少心思，他們「乖乖」地生活和學習，教室裡老師甚至感覺不到他們的存在，家裡父母也只關注學業成績，也可能一學期老師都沒有和他們談過話，也可能在家裡和父母的談話僅限於「功課做好了嗎？」，「考試成績怎樣？」等簡單的話語，誰來關心他們內心世界的波動和煩惱，他們的心理成長幾乎是自生自滅的，或者可以說是在孤獨中自我成長的。

有人說，二十一世紀將是心理疾病盛行的時代，我

們的孩子何其不幸，要面臨這樣一個壓力空前的生存環
境，父母應該盡可能地做出努力，每天給孩子多一些關
注，讓孩子遠離因缺乏關注而造成的孤獨，別讓他們在
孤獨中成長。

父母該如何給予孩子積極的關注呢？具體該怎麼
做？

▶經常聆聽孩子的傾訴，理解並表達出對孩子所描
述之想法的感受，使孩子感到他在父母心中所佔的重要
位置。

▶及時讚許孩子表現出的良好品行，使孩子有更多
機會瞭解自己的優點，長處和進步，從而引起積極進取
的願望和信心。

▶生活中，父母應盡可能多抽出時間，與孩子進行
一些親子閱讀或親子遊戲之類的活動，活動中父母可以
以「助手」或「顧問」的身份，給予孩子好的建議，引
導他們提高活動能力和閱讀能力。

▶讓孩子做一些簡單的、力所能及的家務，孩子會

CHAPTER 1

讓孩子做最好的自己—
愛的心理學

在勞動中體驗自己的價值,並增強為家庭成員服務的責任感。

✎ 本節筆記:

每個孩子都需要從父母那裡得到足夠的重視。關注是一種愛,愛有多認真,關注就有多深多細緻。

✓ 你能這麼做:

再忙再累,每天也要花一點時間問及孩子學習以外的生活需求,不要動輒打罵,要給予孩子溝通表達的時間與機會。

第四節
全面的興趣開發

　　孩子興趣的產生往往是在小時候。不同的年齡層，有各自不同的素質，孩子的興趣往往有自己的獨特性。孩子興趣的發展和表現，往往是他天賦和素質的先兆。

　　家長要經常問一問孩子的興趣是什麼，要引導孩子不斷發展興趣。有位學者曾把孩子學習的興趣和向上的積極性，比喻成父母撒在孩子心田裡的一粒小小的火種。

當父母將這粒火種在孩子心中點燃的時候，就像面對需要點燃的一堆稻草，小小的火種落在上面，風太大了就會被吹滅，風太小了燃燒不起來，稻草太緊了不透風，太鬆了又聚不起火，稻草潮濕也不行，這時候，你要小心呵護這小小的火苗，要「哄」著它一點一點的燃燒起來，旺起來，最後成為熊熊烈火。

列寧的父母非常的重視讓每一個孩子在德育、智育、體育、美育各方面得到均衡的發展。

列寧的父母非常關心列寧以及家中每個孩子的智力發展，從五歲開始就教孩子讀書。當孩子剛學會說話，媽媽就馬上教他們學習外語；而三到十歲的小孩子最容易記住單字和學說話，這個年齡只要半年最多一年就能學會用外語講話。

他們力求使孩子們從小養成讀書的習慣。列寧的爸爸提供孩子們適合不同年齡閱讀的書籍，訂閱了各種兒童刊物。他們家的書房有很多藏書，孩子們還從市立圖書館借閱各種書籍回家閱讀。書是他們促使孩子智力發

展的最主要方式，它以各種不同的新知識豐富了孩子們的頭腦。

多才多藝的媽媽從小就教孩子們唱歌、欣賞音樂、學鋼琴。他們會唱許許多多歌曲，夜晚在家裡盡情地唱，假日去森林河岸郊遊時還組成二重唱、三重唱。女孩子都會彈鋼琴，常常在唱歌時伴奏。

爸爸媽媽還鼓勵孩子們學習繪畫，亞歷山大和奧利姬最有興趣，也畫得最好。全家常常一起到伏爾加河岸、到森林中旅行，觀看遠近的白色浮冰，金色和緋紅的日出和日落。父親和母親希望孩子們和他們一樣在大自然中接受美的感受。

他們還非常重視運動。孩子們很小就開始學習游泳，每一個孩子七、八歲時就能游過一條不太寬的小河，第一次橫渡小河時會有大人陪同。以後，孩子們就要逐漸學會水母漂、跳水、潛水等游泳技巧。

於是，每到夏季，孩子們晚上臨睡前都要到河裡去游泳。冬季，每天午後，孩子們都要一起去滑冰，他們

會把小妹妹瑪利姬放在圈椅裡在冰場上推著走。

他們還在自己院子裡的斜坡上潑水築人工冰山，然後躺在自製的小雪橇裡往下滑，大家往往都會一起滑入雪堆中，於是院子裡便充滿了快樂的笑聲和叫聲。

春天，孩子們自己製作各式風箏，放上天空。平時，他們還一起玩棒球、打羽球，做各種遊戲。爸爸媽媽還和孩子們一起釣魚、划船，養成各種運動愛好。健全的心理和健康的體魄，使孩子們長大後都具有永不熄滅的樂觀精神和驚人的工作耐力。

其實六到十二歲這一時期是培養孩子興趣的最佳時期。因為這一時期的孩子神經系統發育迅速，能適應和接受一些技巧、技能的訓練，其性格也已初具雛形，興趣相對穩定，並且具有一定的自制能力，以及較為充裕的學習時間。

所以，抓緊這個黃金時期，讓孩子參加才藝班學習一些特長是完全可行的。但需要提醒父母們注意的是，過分勉強孩子學習反而會適得其反。因此，父母給孩子

報名才藝班之前，一定要先瞭解清楚孩子的興趣在哪裡，根據孩子的興趣來做選擇。

讓孩子做自己最感興趣的事情，是激發孩子主動學習的最佳方法。父母們切忌把自己的主觀臆想當作是孩子的實際興趣，甚至將自己的興趣強加在孩子身上。

著名物理學家楊振寧曾說過：他不贊成有人說他是「刻苦」學習而來的，因為他在學習中從沒感到「苦」，相反的，他體會到的是無窮的「樂」。

學習若能給孩子帶來快樂，那麼孩子一定會喜歡學習，年齡越小的孩子，學習興趣越是以直接興趣為主。例如：有的孩子喜歡畫畫，可能是他樂意用五彩繽紛的蠟筆在紙上塗丫，看著五彩繽紛的線條在紙上延伸、擴展，他的思維、想像也跟著任意遨遊、旋轉；也可能是老師經常讚美他，雖然他畫得並不怎麼樣。

那麼，怎樣才能使學習變為快樂的事呢？

孩子具有好奇、好問、好動的特點，成人應充分利用它來激發孩子的學習興趣。有的孩子把鬧鐘解體，有

CHAPTER 1

讓孩子做最好的自己——
愛的心理學

的孩子不停的問為什麼、家長若不瞭解孩子的特點把這些看成是淘氣、搗亂，對孩子採取責罵、冷淡、不理睬的態度，就會影響孩子智慧幼芽的生長，挫傷他們求知的積極性。

對孩子的提問要回答，如果不會則可告訴他如何查詢。或者查明白後再告訴他。父母要尊重、保護和正確引導孩子的好奇心。此外在各種活動中培養孩子的好奇心也是很重要的。如讓孩子參加各種才藝班的表演活動或外出郊遊等。在活動中孩子會透過發現問題而產生好奇心。

有的父母認為自己的孩子學習興致本來就不高，再參加才藝班會分散更多的精力，就不准他參加其它的活動，這種做法恰恰是放棄了引導孩子學習興趣的好機會。

在孩子參加才藝班時，父母們還要注意以下幾點：

◗ 明確孩子上才藝班的目的是陶冶性情還是學一技之長。如果純粹是功利目的，非要讓孩子達到某種水準，而不考慮其實際情況是不合適的。

◖不要同時要求孩子上好幾種才藝班，這樣會分散他的注意力，結果都是「一瓶不滿、半瓶晃蕩」，同時也會加重孩子的負擔，使之產生厭學情緒。

◖靈活的學習方式有助於培養學習興趣。提高學習的效率。有些孩子喜歡自遊戲中掌握知識，有的卻喜歡學別人做事，每個孩子的最佳學習方式不同，因此，家長要選擇學習方式靈活的才藝班。

◖如果給孩子訂定太高的目標，孩子會因太難而喪失信心，進而放棄努力。家長可以時常為他訂定一個近期能夠實現的目標，這樣，孩子就會滿懷信心地去學習了。

CHAPTER 1

讓孩子做最好的自己——
愛的心理學

✎ **本節筆記：**

家長是孩子的第一任老師，身教重於言教。父母要以身作則，若父母督促孩子要努力學習，而自己卻常常通宵達旦地打麻將，那麼孩子感興趣的恐怕不是如何好好學習，而是如何玩好牌。

✓ **你能這麼做：**

多給孩子買有益的適合孩子心理發展特點的書。一般而言，可以購買一些通俗易懂的文學名著，以及一些激發孩子想像力與創造力的書，如童話、寓言、科幻小說等書籍，有利於激發孩子興趣的產生。

必修的 **29** 節
教育心理學

第五節
鼓勵孩子去玩耍

有一位生物學家曾做過這樣一個實驗：

把一群老鼠放在一個桌面上，讓牠們一個一個往下面的兩個門跳：跳向左邊的門，會撞得頭破血流；而跳向右邊的門，門會自動打開，門後放著甜美的奶酪，老鼠們肆無忌憚盡情地吃著。

經過幾次訓練，老鼠們嘗到了甜頭，樂滋滋地爭先

CHAPTER 1

讓孩子做最好的自己——
愛的心理學

恐後往右門跳去。

　　就在老鼠們的選擇方式固定了的時候，生物學家把奶酪從右門移到了左門。這下糟了，老鼠還沒有回過神，仍爭先恐後朝右門跳。自然，個個碰得鼻青臉腫。還好，經過最初的慌亂，老鼠又漸漸熟悉了新的情況，轉身跳向左門。

　　剛嘗到甜頭，情況又變了：生物學家把門的顏色重新漆過，把奶酪一會兒放左，一會兒放右。這時，老鼠們徬徨不已，反應也遲鈍了。漸漸地，一個可怕的場面出現了：老鼠們變得固執起來，你就是明明白白把奶酪放在左門邊，讓牠看見，牠仍舊會不顧一切地朝右門跳去，哪怕撞得血肉模糊也在所不惜。

　　如果此時繼續強迫牠去做跳左或跳右的選擇，場面就更可怕了：老鼠會四肢亂顫，口吐白沫，或是吱吱亂叫，狂咬自己，直至最後全都昏死過去……

　　由此，生物學家得出這麼一個結論：如果強迫動物去不斷地改變其行為方式，在牠應變不過來的時候，就

會堅決拒絕，甚至以自戕來抗拒。

無獨有偶，一位教育學家說得好：「只有縱情發展孩子們的天性，才能培養出大膽創新、勇敢質疑的頭腦。如果一心一意要培養順從聽話的『乖』寶寶，就不要夢能想培育出智慧如天馬行空的優秀人才。」

很多家庭都有這樣的情形：家長看到孩子在讀書，就滿心歡喜，彷彿讀書的不是孩子而是他自己；如果看到孩子在玩，心裡就不舒服，總要給孩子加點課外作業，孩子半小時做完了作業，想出去玩，家長又說不行，你再做十道數學題目。

不一會兒，孩子又做完了，家長說再加一篇閱讀測驗，結果孩子一整天都在做作業。久而久之，孩子就會覺得，父母說話不算話，即使很早就做完功課了也不能去玩，還會被多加作業量，不如慢慢做，於是就養成了拖拉磨蹭的學習習慣。

其實，愛玩是孩子的特點和天性，天天關在屋子裡讀書寫字讓他感覺憋悶、壓抑，旺盛的精力得不到宣洩。

CHAPTER 1

讓孩子做最好的自己—
愛的心理學

在低年級的時候，孩子對父母依賴性強，還不敢反抗父母，他就只能透過邊做作業邊玩來表達自己的不滿。

隨著年齡的增加，父母的威信逐漸降低，孩子為了躲避作業，就會偷偷溜出去玩，而且玩起來特別瘋，彷彿要把前面錯過的玩耍時間在這一次全部補償出來一樣。

學習不是搬磚頭，不是說時間長了，就能多搬幾塊的。家長這種做法，一是反應出家長自身缺乏「效率」觀念，以為透過延長學習時間，就能讓孩子學到知識，誰知延長了孩子的學習時間，卻降低了學習效率，導致孩子養成拖拉的不良習慣。

二是說明家長不尊重孩子，沒把孩子當成一個獨立的個體，頭腦中還殘留著「你是我的孩子，就該聽我安排」的觀念，還是一副家長為大的作風。對此，聯合國的《兒童權利公約》就有明確規定：「兒童有權享有休息和閒暇，從事與兒童年齡相宜的遊戲和娛樂活動，以及自由參加文化生活和藝術生活」

玩，對於孩子的成長，就像維生素一樣不可缺少，

是孩子最喜歡的活動，是適合孩子人格健全發展的活動。我們隨處可以發現，孩子在玩的時候都很投入，很快樂。

雖然是在玩，但卻像認真的在做事。由此可見，休息、閒暇、活動對孩子是多麼重要。而玩，正是孩子們休息閒暇時間裡一項主要活動，玩也是兒童的一種不可忽視的權利。

同時，玩還是孩子的特點和天性。孩子一生下來，就開始透過玩來瞭解世界。玩不僅有助於拓展孩子們的想像力和創造力，還可以培養他們堅強的毅力和互助的精神，增加他們與人交往的機會，以及學會理解他人、控制自己的本領。

作為父母，千萬不要以學習為名，泯滅了孩子好玩的天性。老舍先生特別重視兒童的天真，認為這是天下最可貴的，萬萬不可扼殺之。他有一句名言：「哲人的智慧，加上孩子的天真，或者就能成為一個好作家了。」可見，孩子的天真，在他眼裡是何等重要，何等神聖！

怎樣指導和幫助孩子去玩，讓孩子好好玩呢？

CHAPTER 1

讓孩子做最好的自己—
愛的心理學

♠ 給孩子玩耍的時間

孩子只要完成了自己的學習任務，家長就應該支持孩子去玩。作家老捨先生有一套與眾不同的教子「章程」，其中有一條：「應該讓孩子多玩，才不失兒童的天真爛漫。」一張一弛是文武之道，讓孩子開心的玩，充足的休息，孩子學習起來才會精力充沛。

♠ 陪孩子一起玩

玩是孩子的權利，但孩子在小的時候常常不知道怎麼玩，父母就要陪孩子一起玩了。在玩中不要教訓孩子，不要總想給孩子增加點智力內容，玩就是玩，您也不要總說孩子笨，連玩都不會這些話。玩是為了放鬆精神的，如果孩子玩耍時還要不停地接受訓話，那還有什麼樂趣可言呢？

♠ 在玩中幫助孩子

孩子畢竟還是需要指導的，當您和孩子一起遊戲時，可以幫助孩子，如在對待輸贏的心態上，在自信、細心、耐心等方面，都是可以培養的。

♠ 鼓勵孩子和朋友一起玩

父母不可能有那麼多的時間,而且孩子也需要外出接觸更多的同伴和更寬廣的世界。所以,父母要經常鼓勵孩子到外面和大家一起玩。在玩中,孩子不僅放鬆身心,增長智力,還能學習如何與他他人交往,處理突發事件的方法等。

♠ 給孩子一些玩的規則

讓孩子擁有玩的權利,並不等於放縱孩子玩的內容或方法,父母可以和孩子談一談,告訴孩子您內心的擔憂,告訴孩子有些東西可以玩,有些東西最好不要玩,有些東西根本就不能玩。告訴孩子規則是必須遵守的。

CHAPTER 1

讓孩子做最好的自己——
愛的心理學

✎**本節筆記：**

對於孩子來說，遊戲並非是成人眼裡的隨意玩耍，
而是一種「嚴肅的工作。」

✓ **你能這麼做：**

家長不要拒絕別的孩子與自己的孩子一起玩。孩子是在
與同伴的遊戲中學會與人如何相處的。如果孩子長期與
大人玩，大人會不自覺的遷就保護孩子，容易使孩子滋
生霸道自負的行為，不利於孩子成長。
所以成人要鼓勵孩子與同伴一起玩遊戲，讓孩子從遊戲
中得到經驗，在與同伴的遊戲中發展孩子的合作意識。

第六節

環境是重要的教育環節

　　孟子小的時候非常調皮，他的媽媽為了讓他受到好的教育，花了很多的心血。有一次，他們住在墓地旁邊。

　　孟子就和鄰居的小孩一起學著大人跪拜、哭嚎的樣子，玩起辦理喪事的遊戲。孟子的媽媽看到了，就皺起眉頭對自己說：「不行！我不能再讓我的孩子住在這裡了！」孟子的媽媽就帶著孟子搬到市集旁邊去住。

CHAPTER 1

讓孩子做最好的自己—
愛的心理學

到了市集，孟子又和鄰居的小孩，學起商販做生意的樣子。一會兒鞠躬歡迎客人、一會兒招待客人、一會兒和客人討價還價，演得像極了！孟子的媽媽知道了，又皺了皺眉頭說：「這個地方也不適合我的孩子居住！」於是，他們又搬家了。

這一次，他們搬到了學校附近。孟子開始變得守秩序、懂禮貌、喜歡讀書。這個時候，孟子的媽媽很滿意地點著頭說：「這才是我兒子應該住的地方呀！」後來，大家就用「孟母三遷」來表示人應該要接近好的人、事、物，才能學習到好的習慣、得到好的教育！

有關專家指出，在孩子的成長過程中應避免以下七種不良的家庭教育：

1. 父母品性不好：父母本身行為不端，潛移默化地影響著子女的品行習慣。

2. 家庭破裂：家庭破裂，孩子受冷落或成了出氣筒，從而易被社會上的惡習所吸引，自暴自棄或叛逆攻擊別人。

3. 父母教育水準較低，缺乏有效的教育方法：多表現為教育方法簡單粗暴，使子女無所適從，容易流浪社會，出現各種行為問題。

4. 嬌慣溺愛型：由於無止境地滿足孩子的要求，容易使孩子形成貪婪、懶惰、自私、任性的性格，適應社會能力差，依賴性強，易受壞人引誘，以至走上邪路不能自拔。

5. 放任型：有些家長忙於工作、賺錢，認為有了錢就有了一切，忽視了孩子的教育；還有的父母看到自己管教方法無效，無計可施而放任自流。

6. 矛盾型：父母間或與祖父母間，在教育孩子的問題上態度不一致，一方管，一方護，孩子利用這種護短心理，開始說謊，肆無忌憚而為所欲為。

7. 心理虐待型：目前打罵虐待孩子的少了，但由於心理層面的知識缺乏，心理虐待現象極為嚴重。一是剝奪孩子正常的心理需要，如交友、遊戲、自尊等。一切以大人的想法為出發點，望子成龍心切，逼著孩子學這

CHAPTER 1

讓孩子做最好的自己——
愛的心理學

學那,或盲目地與其他孩子攀比,並常以諷刺挖苦孩子為刺激孩子向上的方式;二是負面心理刺激過強,對孩子產生猜疑,甚至查看孩子的日記、跟蹤孩子等,在他們眼裡孩子總是不夠好。孩子好的行為不能得到及時的鼓勵,久而久之孩子便對自己失去了自信心,放棄自己而變得叛逆,成了問題兒童。

天下的父母大多愛護自己的子女,這是不容置疑的真理。然而,實際上許多父母對子女都進行過精神虐待,只是他們自己全然不知罷了。這並非危言聳聽。美國的一些精神醫學專家和兒科醫生認為,父母在不知不覺中對子女進行的精神虐待可歸納為三種。

♠ 一、表面的冷漠

有些父母為了嚴格要求子女,在他們面前故意喜怒不形於色,還有些父母為了增加孩子獨立自主的意識,對他們的一切表現常顯露出不聞不問的樣子。

殊不知,這些行為舉動往往使他們的孩子失去了安全依附感,孩子們會漸漸疏遠他們,不再對他們推心置

腹，因為這些是已經受到精神虐待的孩子，最害怕遭到的拒絕和冷漠對待。

♠ 二、誇大的指責

有些父母在指責做錯事的孩子時，習慣用「總是」、「從來不」之類的字眼，對孩子的過去及其他一切進行不負責任、誇大其詞的全盤否定。還有些父母由於望子成龍心切，會用對成人的標準來要求自己未成年的孩子。

一些孩子做的事情，對他們那樣的年齡已經堪稱「壯舉」了，但被他們的父母用成人的眼光一衡量，就變得無足輕重、微乎其微、不值得一提了。

這樣做給孩子們帶來的精神刺激是可想而知的。其後果可能會刺傷孩子們進取向上的積極性，形成膽小怕事、自卑無能的性格。

♠ 三、愛的束縛

有些父母出自對子女的愛，常用威脅恐嚇的辦法來束縛他們，欲使他們免遭災禍。有這樣一個事例，四歲的湯米做了扁桃體切除術，快要康復時，護士發現他變

得異乎尋常的孤獨離群，不肯與任何人講話。後來，醫生瞭解到，原來湯米的母親為了能讓兒子早日病癒，便嚇唬他說，如果他對陌生人講話就會死掉。

做父母的利用子女對自己的信任，讓他們置身於恐懼的境地，終日神經緊張，提心吊膽，這難道不是殘酷的精神虐待嗎？

環境具有強大的影響力，它給孩子耳濡目染，潛移默化的力量，環境是多變的、從頭到尾就像是 3D 立體化的教材。就像青蛙在不同的環境中會改變不同的體色，孩子在不同的環境中會長成不同的個性。

孩子成長需要哪些環境，父母又該如何給孩子創造一個有利成長的環境呢？

♠ 人際環境——民主、平等、和睦

孩子是家庭中的一員，父母不要嬌寵溺愛，也不要冷落他，要平等對待家中的每一成員。一家人要做到互相關愛，分擔家事，遇事商量，共同享受生活的樂趣；一家人還要互相讚美良好的行為表現，運用禮貌語言和

幽默；一家人可以經常一起説故事、輪流朗誦、做運動，表演各種節目，還可請親戚、朋友、小同伴們來家裡玩，盡情享受親情和友情。

♠ 智慧環境 —— 愛閱讀、提問、愛實際操作

父母要給孩子準備好書桌、書櫃、玩具櫃、大地圖、地球儀。生活環境要整潔優美，特別是孩子的生活環境要有色彩鮮艷的圖案，美麗的風景畫，優美的書法作品，「乖寶寶表揚欄」更是對孩子有積極的鼓勵作用。當然別忘記給孩子設立一個鍛鍊身體的環境，如沙包等。

♠ 意志環境 —— 按時起居、規律生活、自我要求

養成孩子良好的行為習慣，父母可以和孩子一起制定各種作息時間，如早上起床時間、晨間運動時間，制定作息時間表有利於孩子養成有動、有靜的活動習慣。培養孩子按時吃飯、漱洗、排便、睡眠、運動、看書的習慣，逐步做到不催促，不提醒，培養孩子的責任感和堅持力。三歲以後的孩子看什麼電視，父母要事先與孩子商量好，以兒童節目為主，在規定的時間內不多看也不少看。三

CHAPTER 1

讓孩子做最好的自己——
愛的心理學

歲以前的孩子每天以十分鐘為宜，三歲以後每天二十到
三十分鐘為宜。

✎ **本節筆記：**

我們是否該把「望子成龍」、「逼子成龍」改為「讓
子成龍」。現代社會所需要的不是書呆子，讓孩子
擁有更多創造的自由，激發孩子的創造力和學習欲
望，讓孩子自己渴望成龍，這樣，孩子才能主動求
知，最終成為真正的龍。

✓ **你能這麼做：**

閒暇與假期，讓孩子多到鄰居、親戚、朋友的家裡去串
門子做客，與各種不同類型的人交往，既可開闊孩子的
心胸、啟迪他的智慧，又可培養他的膽識，造就他豁達
的性格。即使他在與別人交往中發生爭執，也可提高他
的思考能力以及口頭表達能力。

第七節
距離產生美

　　奧地利心理學家佛洛伊德發現，兒童的心理發展過程中普遍存在一種現象，即在三歲左右開始從與母親的一體關係中分裂開來，把另一部分情感轉向與父親之間的關係上。

　　只不過男孩更愛母親，而排斥和嫉恨父親；女孩除了愛母親外，還把愛轉向父親，甚至要與母親競爭而獨佔父親，對母親的愛又加進了恨的成分。這就是所謂的「伊底帕斯情結」（戀母情結）和「厄勒克特拉情結」（戀

父情結）。

　　這兩個名字源於古希臘劇作家索福克勒斯的兩部著名悲劇，前者主人翁殺父娶母，後者主人翁誘使其弟殺死了母親，為父報仇，自己則終身未嫁。

　　「伊底帕斯情結」隨著男童年齡的增長，逐漸被壓抑、克服，被轉化成不同的形式。但無論怎樣總還在內心深處保留有它的地位，尤其是影響著一個男性對待女性的態度。這會在他結婚以後，與妻子的相處關係中表現出來，「伊底帕斯情結」就如一個人的影子般，時時追隨，片刻不離，而又不被人所承認和發現。

　　再說明白一些，就是他總是在不知不覺中，以對待母親的感情來對待他的妻子。他感受到母親的愛，渴望她全部的愛，又感受到她的拒絕。

　　他愛他的母親，但或者也在許多方面牴觸母親；他希望獨立於母親自己主宰自己的命運，又渴望能在碰到困難時，或自己心理上感到無助和軟弱時，還像小時候那樣受到母親的關愛和幫助。

「厄勒克特拉情結」與此相似，只是對像有所不同，主要表現在女性對父親和丈夫的情感。

在有些家庭中，獨生子與父母的關係過於親密。尤其是在父親工作忙碌忽視妻兒的情況下，有些男孩與母親的關係就變成了感情上的「情人」。這一現象在現實生活中並不罕見。其實，男孩的「戀母情結」和女孩的「戀父情結」是性心理發展過程中一個特有的情感現象。但隨著年齡的增長，社會角色、性別角色明確，這種傾向會逐漸消失。

親子間的愛是基於血緣關係的一種特殊的愛，這種愛無法割捨，延續於兩代人的一生。但親子之愛也是有準則的，因為每個人不可能一輩子生活在父母的懷抱裡，最終都要從家庭走向社會，成為一個獨立的人。

因此，當告別兒童期進入青春期，青少年就應該自覺地進行「心理斷乳」。因為這一時期性意識已經萌發，不管青少年本身是否意識到，他們對母親（父親）的愛在不知不覺中已發生一些微妙的變化，其中未必沒有對

異性愛戀的成分。

因為青少年性心理成長的規律是：異性疏遠期 —— 異性吸引期 —— 異性眷戀期 —— 戀愛擇偶期。專家研究發現，有的青少年在異性疏遠期和異性吸引期之間，有一個戀母（戀父）期，即對自己的母親或父親產生情感依戀。一般這個時期很短暫，隨著他們與異性交往的能力增加，這個時期很快就會過去。

但有的青少年因為各種原因，長時間對異性的家長產生情感依戀，例如，有的男孩已經十幾歲了，還無法改掉兒童時期的習慣，非得要母親陪自己睡覺，和母親身體親密接觸獲得性心理的滿足；而女孩則與父親關係十分親密，常常在父親懷裡撒嬌，有心事只想跟父親說，甚至嫉妒母親奪走了自己的愛，這顯然就是戀母戀父情結。這不但對青少年本身心理發育有害，而且也有背人倫道德準則。

我們知道，人類社會和動物世界不同，社會對人們之間的性關係有道德和法律的約束，親子之間是不允許

有性愛成分的，否則性關係會發生混亂，給社會帶來危害。

所以，母子或父女之間，不管如何親密，那只能是長輩與晚輩之間的愛，與異性間的愛是截然不同的。如果這一點掌握不好，很有可能會使青少年及他們的父母性心理發生錯位，做出違背社會道德和法律的事。

事實證明，凡是有戀母或戀父情結的男孩和女孩，他們的性心理極不成熟，對異性或者苛責或者抱有不切實際的幻想，因為他們總是拿自己的母親或父親做為比較標準，去選擇結交異性，並容易產生情感依賴。這種影響甚至可能會不自覺地延續到戀愛擇偶階段，他們要尋找「母親型」或「父親型」的配偶，而現實生活裡，這是很難實現的。

孩子長時間和母親（父親）過分親密，對家長和孩子都不好，一是會佔去父母的生活空間，給家長帶來許多不便；二是影響孩子正常和健康地與同齡異性交往；三是不利於培養孩子的獨立意識和生活能力。

如果你想遠離這方面的困擾，請試試下面的方法：

♠ 適時分床、分房

　　歐美不少國家的孩子在嬰兒期〇至三歲就和父母分床而睡，到幼兒期三至六歲就和父母分房睡。我國的孩子都已上小學了還和父母同房同床，這是不利於孩子獨立性的發展。

　　當然已經形成這種情結的，要在孩子能接受的情況下，逐步進行分床、分房。為人父母應該注意從小讓孩子得到相等的父愛和母愛，孩子的感情天平才不會傾斜。

♠ 適當的和孩子分離

　　母愛的真正本質在於關心孩子的成長，因此，作為母親的要努力創造機會，讓孩子離開家人一段時間，讓他有單獨生活的機會。

♠ 加強性教育

　　實際上，就是性的輔導教育，包括這兩個方面：一是性的社會角色教育，讓孩子明白「男女有別」，教育孩子從依戀父親（母親）中解脫出來；二是幫助孩子走

向同儕，結交同性朋友，為將來青春期結交異性朋友做好準備。

✎ 本節筆記：

對孩子進行社會性別角色再教育，讓孩子學會如何和異性交往，逐漸擺脫這種過分的依戀。

✓ 你能這麼做：

家有戀父女孩者，一方面，作為父親，應堅定而巧妙地暫時疏遠女兒；另一方面，作為母親，則應急起直追，行為上親近再親近女兒，滿足女兒的愛欲依附。

而家有戀母男孩者，一方面，作為母親，應堅定而巧妙地暫時疏遠兒子；另一方面，作為父親，則應急起直追，行為上親近再親近兒子，滿足兒子的愛欲依附。

第八節

孩子的世界
像水晶

有這樣一個故事：

英國某家報紙曾舉辦一項高額獎金的有獎徵答活動。題目是：在一個充氣不足的熱氣球上，載著三位關係世界興亡命運的科學家。

第一位是環保專家，他的研究可拯救無數的人類，免於因環境污染而面臨死亡的威脅。第二位是核子專家，

他有能力防止全球性的核子戰爭，使地球免於遭受滅亡的絕境。第三位是糧食專家，他能在不毛之地，運用專業知識成功地種植食物，使幾千萬人脫離因饑荒而亡的命運。

此刻熱氣球即將墜毀，必須丟出一個人以減輕載重，使其餘的兩人得以活存，請問該丟下哪一位科學家？

問題刊出之後，因為獎金數目龐大，信件如雪片般飛來。在這些信中，每個人皆竭盡所能，甚至天馬行空地闡述他們認為必須丟下哪位科學家的宏觀見解。

最後結果揭曉，巨額獎金的得主是一個小男孩。他的答案是：將最胖的那位丟出去。

孩子的聲音無疑是偉大的！有人說，千萬不要當著孩子的面說謊，因為那是上帝的眼睛在看著你。孩子的純真世界，裝滿了夢！代表著純真、新奇、祥和、簡單、友愛。孩子那清澈透亮，活力充盈的眼神，清純的讓你的良心不忍欺騙他、傷害他。在孩子眼中，一切都是美好的，沒有所謂的社會、禮儀、道理、經驗、尊卑，甚

CHAPTER 1

讓孩子做最好的自己—
愛的心理學

至沒有你我之分，完全是「自然人」狀態，而之後的種種經歷、說教、文字和聲音等的影響才使之逐步變成一個社會人，完成了「從猿到人的驚險一躍」！可以說，孩子本身代表著一種文化，比如：誠信、創新、人本、愛心、無邊界等等，都在孩子身上有所顯現。

循循善誘，充分的說理，是家長教育孩子的重要方式，跟孩子說理不僅需要有耐心，還應結合少年兒童的心理特徵，選擇恰當的方法和技巧。

♠ 要充分肯定孩子的長處

古語云：「數子十過，不如獎子一長。」跟孩子講道理，應充分肯定孩子的長處，對孩子的進步給予及時的表揚和鼓勵，在此基礎上再對孩子的過錯予以糾正，這樣孩子就容易接受大人的意見。如果一味地數落孩子，責怪孩子這也不是那也不對，只會讓孩子產生自卑心理和叛逆心理。

父母必修的 29 節教育心理學

♠ 所說的道理要「合理」

跟孩子講的道理應合情合理，不能信口胡說，也不能苛求孩子，因為大人信口胡說，孩子是不會服氣的，大人的要求過分苛刻，孩子們是辦不到的，比如：有些父母自己喜歡吃零食，卻對孩子大講吃零食的壞處，如此，孩子是不會聽從的。

♠ 要給孩子申辯的機會

跟孩子說理時，孩子可能會對自己的言行進行辯解，大人應給予孩子申辯的機會。應該明白，申辯並非強詞奪理，而是讓孩子把事情說清楚講明白，給孩子申辯的機會，孩子才會更加理解你所講的道理，使教育收到良好的效果。

♠ 要瞭解孩子的情緒狀況

孩子和大人一樣，情緒好時比較容易接受不同的意見，不高興時則容易鬧彆扭，因而跟孩子講理，要充分瞭解孩子的情緒狀況，在其情緒較好時，對其進行教育，若在孩子情緒低落時跟他說理，是不會奏效的。

CHAPTER 1

讓孩子做最好的自己—
愛的心理學

✎ **本節筆記：**

每一個正常的孩子都在一定程度上擁有多項技能，
有所不同的只是技能的擁有程度及組合不同。不要
把世俗的複雜與混沌帶給孩子，因為他們的世界像
水晶 —— 簡單而透明。

✓ **你能這麼做：**

善於發現孩子的長處，並使之發揚光大，這才是聰明的
父母。發現孩子的長處，從孩子的興趣入手，因勢利導，
就容易獲得良好的效果。

第九節

愛孩子切忌
矯枉過正

如果特別溺愛剛出生的寶寶還不是非常有害，因為他有理由得到格外多的關懷，比如：吃飽穿暖、有人抱、沒有病痛、有乾淨的尿片等等。

但是幾個月後情況就不同了，孩子很快就會發現，只要他一哭鬧，爸爸媽媽就會馬上跑到他的身邊噓寒問暖。

CHAPTER 1

讓孩子做最好的自己——
愛的心理學

從這一刻開始，父母就站在溺愛孩子的邊緣，比如在半夜裡幾次從床上起來，把哭鬧的孩子抱在手裡不停搖晃；或者每過幾分鐘就跑去照顧孩子、陪他玩等等。

長此以往，孩子習慣了在家裡享受特別待遇，稍有不順心就大哭大鬧，而父母也習慣了一切都順著孩子。

安安就是這樣的例子。剛開始的時候，安安還能乖乖地與大人們一起坐在餐桌前吃飯。但是媽媽為了能讓他快點吃完或者不讓他把桌子弄髒，就越來越順著他的意思，最後安安就變成了餐桌上的搗蛋鬼。

最後，他不僅在吃飯時表現惡劣，而且也習慣了在家裡，無論是遊戲、講故事或者看電視時，一切都要按他的意願來進行。

現在的父母比以前的父母更寵溺自己的孩子。產生這一現象的一個很自然的原因就是，現在許多家庭只有一個孩子，父母及其他家人把全部的精力和注意力都放在一個孩子身上，並很自然地認為，反正只有這麼一個孩子，不對他好還能對誰好？

有些父母因為自己小時候，父母管教得特別嚴厲或者生活不是很富裕，所以到了他們自己有了孩子的時候，往往會走入另一極端，對孩子完全放任自由，予取予求，並認為：自己孩子的生活當然應該比我小時候好。

有一些父母因為工作等原因，不能經常陪伴孩子，於是，這些父母常常無止境的為孩子購買貴重的玩具，滿足他們的任何要求，以此來彌補他們無法經常陪伴孩子的遺憾。

對於那些身有殘疾的孩子，或者父母離婚的孩子，父母總會覺得對孩子有虧欠，覺得對不起孩子，為了補償他，這些父母常常會特別溺愛孩子。

在那些溺愛孩子的家庭裡，常常會看到類似的場面。許多父母都會為自己辯護説：「我只是希望讓孩子得到最好的。」但是事實卻是：過多的愛只會害了孩子。專家有時將父母對孩子的溺愛稱之為：「甜毒品」，雖然表面上似乎香甜可口，但其實，它就像毒品一樣，會對孩子的成長造成不良影響。

CHAPTER 1

讓孩子做最好的自己—
愛的心理學

　　不溺愛孩子的教育並不代表是沒有愛的、特別嚴厲的教育。比如，在孩子生日時，你可以讓他的一些願望都得到實現；或者在某些特定的情況下，滿足孩子某些特別的願望。關鍵在於，在這個時候，你要讓孩子知道，這是因為有特別的原因所以你才會這麼做的。

　　不溺愛孩子並不意味著可以打孩子。據美國的一項問卷調查顯示，有七％的父母認為打罵是管教孩子的最佳方式，有四十％的父母覺得打罵之後，孩子的表現還是一樣。有經驗的父母會發現，打罵一開始的確會收到立即的效果，可是長久下來，孩子並沒有變得比較好，有的甚至更壞了，尤其是只用打罵一種方式來管教孩子，更是有過之而不及，但為什麼會這樣呢？

　　因為打罵只會使孩子不再在你的面前表現你不喜歡的行為，並非真的改正了，而躲到你背後，在你看不到的地方繼續淘氣，繼續使壞；打罵只是讓他學會了逃避被打，而沒有學會什麼是應該，什麼是不應該的是非善惡。如此一來，你還覺得拿出棍子打孩子，是很管用的

管教方式嗎？而且即使孩子真的犯錯，沒有人會甘心被打，在孩子的內心充滿了怨恨和不滿，漸漸失去自尊、自愛和自信，同時他更學會了用打人來解決問題的模式。

那麼，難道父母就不能動孩子一根汗毛，就任他為所欲為了嗎？不，這裡說的是打罵不是唯一的管教方式，不要用體罰來解決問題，因為那只是暫時的、表面的而已；孩子犯了錯是要處罰，但要做適當的處罰。

父母愛自己的孩子，這是人之常情。愛對孩子的健康成長有著很大的促進作用。那麼，怎樣才算是真正愛孩子呢？也就是說應該如何掌握愛孩子的「分寸」呢？

♠ 要有理智的愛

這就是說，在愛孩子的過程中，要能自覺地控制自己的感情，克制那些無益的激情和衝動。

前蘇聯著名教育家馬卡連柯的《父母必讀》一書中的序言中有這樣一段話：「子女固然會由於父母給的愛不足而感受痛苦，可是，他們也會由於那種過分溺愛的感覺而腐化墮落。理智應當成為家庭教育中常備的節制

器，否則孩子們就要在父母最好的動機下養成了最壞的個性和行為了。」這段話講得十分深刻。

然而，我們有些父母，尤其是年輕的父母，在對待孩子的關係上，往往缺乏應有的「分寸感」。他們對待孩子往往是沒有原則的，過分地溺愛。有的對孩子姑息遷就，任其發展；有的只知道想盡辦法去滿足孩子的錦衣玉食，卻不懂得給孩子良好的精神食糧和思想營養。這樣。勢必把孩子慣壞、寵壞。這種「愛」是盲目的、有害的。

♠ 疼愛要與嚴格要求相結合

嚴格要求也是疼愛孩子的一種表現。所謂「愛之深，責之切」，就是説，嚴格要求正是出於深切的愛。所以，做父母的不應該受盲目的愛所支配，要「嚴」中有「愛」，「愛」中有「嚴」。當然嚴格要求並不意味著對孩子的嚴厲、動輒訓斥打罵，而是要做到以合情合理為前提。同時，態度應該是有耐心，循循善誘的。

嚴格要求對孩子來說，是很重要的。這是因為孩子

們往往缺乏經驗，是非界限有時分不清，而且對自己情感和行為往往也不善於獨立控制。

如果家長對他們不嚴格要求，他們往往還不能主動、自覺地學習和按行為道德標準來行動。因而，這就更需要父母對他們的思想和行為有嚴格的要求，使他們養成良好的思想和行為習慣。

但是只有愛不見得就能教育和培養出優秀的孩子來，而應該把熱愛和嚴格要求結合起來。

♠ 選擇正確的處罰方式

採取「暫時隔離」的處罰方式，可以使孩子真正地改過向善，又沒有後遺症。「暫時隔離」就是在孩子犯錯時讓他暫時不和別人接觸，讓他坐在角落的一張椅子上，以一歲一分鐘為原則；不過，這不是把孩子關進廁所或單獨留在一個房間裡，那會造成孩子心理上的恐懼。

處罰的同時要讓孩子明白自己做錯了什麼，因為孩子如果不明白自己為何受罰，那麼處罰就沒有意義了。

CHAPTER 1

讓孩子做最好的自己─
愛的心理學

✎ **本節筆記：**

父母對子女一定要懷著帶有嚴格要求的疼愛，千萬
不要溺愛姑息孩子、過分地遷就孩子與寵愛孩子。
一定要有理智，有「分寸」。只有這樣，才能把孩
子培養成為有良好品行的優秀人材。

✓ **你能這麼做：**

不要怕如果你對孩子說了「不」字，孩子就會不喜歡你。
任何人都不會因為你對自己親愛的孩子說了一次「不」，
而覺得你是個壞媽媽或壞爸爸。
要讓孩子明白：在家裡，在獲取的同時，也要付出，爸
爸媽媽和他一樣，都有自己的需求。而且，嚴管孩子並
不意味著可以打孩子。

第十節

家有小霸王

「我家的寶寶簡直就像是個小霸王，不如他意就大哭大鬧，最後我們只能妥協，順著他的要求。」「我家孩子就像一頭牛一樣，年紀雖然小卻很有自己的主見，拗起來，十頭牛都拉不動。」這種霸道的孩子不少，總是讓父母傷透腦筋。是自己教育方法不對嗎？該如何讓小霸王變成小乖乖呢？

現在獨生子女越來越多，父母親的關愛往往集中在一個孩子的身上，以致小孩容易變得以自我為中心，十

CHAPTER 1

讓孩子做最好的自己──
愛的心理學

分霸道,不知惜福,不願意負責任,難以承受挫折,不願與人分享,過去教育所強調的「同情心,幫助別人」,如今在孩子身上越來越難見到。

一般而言,造成孩子霸道、不講理的原因,有下列幾項因素:

♠ 一、父母過分溺愛

孩子要什麼有什麼,凡事有求必應。現代的父母因為只有一個孩子的緣故,每個孩子都像是上帝賜予的恩物,是父母的天之驕子,不但受到長輩們疼愛,更受父母們用心的關照。

因此從出生到孩子會抓取物品、會爬行、會走路、會跑步,孩子所有的一舉一動,所用的一衣一物,父母們總是想盡辦法滿足他們的需求。

因為在每個父母眼中,孩子就是寶貝,是心頭的一塊肉,如此也漸漸養成孩子予取予求的霸道行為。

而當孩子有霸道行為出現時,父母又認為沒關係,認為他只是個孩子,而未能加以輔導並給予孩子適當的

糾正；因此，日積月累之後，孩子就會覺得凡事都理所當然，也因此變得越來越霸道。

例如：有一位托兒所的小朋友，母親非常疼愛，每天送孩子來學校時，孩子一定要在車上先做交待，同時要媽媽依其順序一一告訴老師；下車時，媽媽還須抱著她，再背著書包走到教室內，然後媽媽需依照孩子在車上所交待的內容順序，一一地複述告訴老師；只要媽媽說的順序有錯，這孩子馬上就哭鬧說媽媽說得不對，要求媽媽重新再說一遍，因此他的母親只好將內容從新更正再念過一遍。直到媽媽全部念對，孩子才會停止哭鬧，以致於每天早上都會見到孩子的母親不斷地在重複做此交待：「老師，今天有四件事情要交待，第一件事情是，今天的午餐要在吃乾飯，第二件事情是我女兒還沒睡飽，第三是我女兒肚子有點痛，第四是我女兒還想睡覺……。」

♠ 二、年齡關係

一般來說，孩子在一歲以前，霸道行為出現情形不多，主要是這時期的孩子口語表達能力還不足，因此雖

CHAPTER 1

讓孩子做最好的自己—
愛的心理學

然會有身體上的反抗,但還不會讓父母傷透腦筋。

可是隨著孩子年齡逐漸成長,開始有他自己的想法,同時也想擺脫旁人束縛,自己決定怎麼做,因此會開始出現「不要」的字眼、「不要」的動作,和「不要」的行為。

而且現在的孩子比較早熟,大約在一歲八個月時就會出現很強烈的自我意識,有時拗起來,十頭牛都拉不動,而這種霸道的行為會持續到三歲左右。

♠ 三、個別差異

每個孩子不但是一個獨立的個體,他們也都會以自己的速度,通過一般的行為階段。因此有些孩子極具社會性,能愉快地和他人相處;有的孩子則很害羞,只對那些他熟悉的人有反應;有的孩子心中不愉快時會尖叫、大吵大鬧,憤怒地發洩一場;有的孩子則是皺皺眉或低聲哭泣就算了。

每個人的天生氣質不同,所表現出的行為也有很大的差異。

♠ 四、模仿

就社會學習觀點來說，孩子深受父母以及大眾傳播媒體的影響，例如：電視、卡通等等。而且如果父母本身很霸道，孩子也發現了父母的這種行為，往往在耳濡目染之下也跟著模仿、學習。

那麼，霸道的孩子該如何教？

❶適時的輔導和糾正。當孩子有霸道行為出現時，父母應先站在他的立場設想，試著瞭解他的心情。對孩子的霸道行為，勿過於迎合或敷衍，應當適時地給予輔導與糾正。從行為治療的觀點來看，當孩子有好的行為表現時，要給予鼓勵和肯定，強化他的這種行為，孩子一旦受到肯定，心中便會意識到哪些事是可以做的；而當孩子表現霸道行為時，則須給予輔導和糾正，孩子便會知道哪些事是不可做的。

❷培養和孩子講理的習慣。父母要學著每一件事情都要和孩子講理，讓孩子慢慢瞭解和接受。如果孩子年紀尚小，還不瞭解或聽不懂，父母也不必強求或過分期

CHAPTER 1

讓孩子做最好的自己——
愛的心理學

待孩子接受，因為孩子每天都在成長，隨著他的身心成長，孩子會漸漸學得較為講理。切勿「以霸治霸」，以免誤導孩子，以為霸道可以解決一切。

　　◗內心慈愛，處理事情態度堅定。父母事先可和孩子共同商定原則，讓孩子瞭解和贊同，原則確定後，就要堅持且確實執行，父母不可輕易妥協。尤其在碰到危險的緊急情況、會傷害到孩子的身體時（例如觸摸電源、熱水等危險物品），則可用強硬的制止方式，立刻禁止這種行為，然後立即跟孩子解釋「不行」的原因；若孩子無法理解，不排除以「打手心」的方式來禁止。

　　◗尋求長輩們的經驗承傳。每一位孩子的天生氣質不同，因此父母所用的輔導方法將因人而異，因此若能尋求長輩們協助，透過其經驗承傳，將能使父母在教導孩子時更得心應手。

　　◗幫助孩子建立人際關係。霸道的孩子因只顧自己，不會考慮到人際關係，因此在孤單的環境裡，霸道的行為會顯得更為強烈。因此可多帶孩子去參加社交場合，

例如慶生會，在和別的孩子共同分享中，學習到施與受
的關係，進而覺得沒有霸道的必要，而能建立良好的人
際關係。

✎ 本節筆記：

孩子在成長過程中，經常會有不按牌理出牌的時候，
惟有父母及早關心、發現問題、尋求解決方法，才
是孩子最大的福氣！

✓ 你能這麼做：

首先要弄清楚孩子較聽誰的話、較怕誰、最不怕誰、最
不把誰的話當一回事，從而決定由誰來扮黑臉，迫使其
就範。不論在家還是外出，當孩子哭鬧時，大人不能讓
步，要顯示出你不怕他哭鬧。

第十一節
說「不」是
另一種聰明

　　小豐上幼稚園時，非要把「小」字倒著寫。他認為，既然「大」字下面兩條腿向外伸得大大的，那麼「小」字兩條腿就應該向中間並得小小的。上小學後，有一次上數學課，他突然問老師：我們看數、讀數、寫數，都是從高位到低位，為什麼演算要從低位到高位？能不能從高位到低位演算？他最終創造了「快速計算法」。

老師或家長在教導孩子時，經常説的話莫過於「聽話」二字。如「要聽老師的話」，「聽話才是好孩子」，「不聽話就不是好學生」等等。久而久之，「聽話」便成了好學生、好孩子的代名詞。毋庸置疑，要求學生聽話並非有錯，然而，為了提高學生的自主性，若片面強調學生聽話，則會影響學生的思考發展。

生活中有些孩子犯了錯，會試圖找出理由為自己辯護，其目的無非是為了求得父母對自己的諒解，這種心理很正常，孩子也是鼓足了勇氣才這樣做的。如果父母武斷地加以「狙擊」，孩子會認為父母不相信自己。對父母親的這種「蠻橫」做法，孩子雖不敢言，但心不服，以後孩子即便有更充足的理由也不會再申辯了。孩子一旦形成了這樣一種心態，父母親的教導對他而言根本就無法接受，孩子會把訓斥當做耳邊風。

大約到了小學高年級和中學階段，孩子開始進入比較叛逆的青春期。這時的孩子已不再滿足於單純被教育的角色，自我意識和獨立的個性逐步增強，不喜歡被動

CHAPTER 1

讓孩子做最好的自己—
愛的心理學

地接受父母的吩咐和安排，遇事有自己獨立的思考方式和判斷力，希望由自己決定。如果不能滿足這一特點，就會感到失望或者進行反抗，而發生頂嘴。

我國的家庭教育信奉「聽話」教育，父母普遍認為聽話的孩子就是好孩子，不聽話愛頂嘴的孩子就是壞孩子，這種思想在我們的文化傳承中已有好幾千年的歷史傳承，所謂「君君臣臣，父父子子」。「聽話」也是父母對孩子講得次數最多的，在教育孩子時使用頻率最高的詞，孩子在家裡被時時教訓要聽父母的話，孩子上幼稚園以後，就被叮嚀要聽老師的話。總之，聽話的孩子總是招人疼、惹人愛的孩子，不聽話的孩子總是招人嫌、惹人煩的孩子。

正是由於有這樣的認識，父母們往往刻意要求孩子對自己無條件的順從。一些父母覺得自己絕對正確，無所不知，無所不曉，無所不能，自己過的橋比孩子走的路還多，孩子當然要無條件地接受自己的教誨，於是，當孩子與大人出現分歧時，大人經常武斷地表態「你錯

了」、「你這樣不對」；當孩子想對某件事做個說明時，便會遭到父母更大的訓斥：「不許頂嘴！」「還嘴硬？」；更有一些缺乏耐性的父母，十分反感孩子頂嘴，當孩子向他們父母的權威發出挑戰時，盛怒之下免不了對孩子拳腳相向一番。

實際上，頂嘴意味著孩子的心理在成長，說明他已經開始有了自己的喜好：喜歡什麼，不喜歡什麼；說明他已經開始有了自己的判斷：什麼是對的，什麼是不對的；說明他已經開始有了自己的見解：應當怎麼做，不應當怎麼做。

當孩子年齡尚小且自理能力較差的時候，讓孩子按大人的指示去做是可以的，但當孩子逐漸長大以後，再總是用「聽話」去教育孩子和要求孩子，就顯得有些偏頗了。這時，父母應該認可孩子在心理上的成長，積極努力的去理解孩子的想法，採用不同於過去的方式幫助和指導孩子，而不是一味地抱怨什麼「孩子長大了，不聽話了」，或直接採取高壓政策使孩子屈服。

CHAPTER 1

讓孩子做最好的自己—
愛的心理學

　　其實，孩子會頂嘴總比不說話反抗要來得好。因為頂嘴可使父母瞭解子女。客觀地說，孩子「頂嘴」是有許多積極意義的：

♠ 一、培養孩子的自信心

　　孩子頂嘴，說明他有自己的見解，而且敢於表達和堅持自己的見解，如果家長這時能夠聽取和採納孩子的正確意見，孩子就會感覺到自己是有能力的，是有價值的，這對他自信心的提高大有裨益；相反，如果總是用「聽話」兩個字去教育孩子，只能養成孩子唯唯諾諾的性格。

♠ 二、提醒父母親教育方式的不當

　　孩子頂嘴通常發生在父母親的指責不得法，孩子不服氣時，孩子沒做錯事而受到父母親的冤枉時，孩子不想馬上去做的事可是父母親硬逼著他去做時，或者大人心情不好拿孩子出氣時。

　　其實這些都反應了父母親在教育孩子時的方式方法有問題，家長正好可以從孩子的不滿情緒和頂嘴的表現中反思一下自己的做法，從而來改變和提高自己。

♠ 三、緩解孩子的心理壓力

孩子的頂嘴也是一種情緒宣洩，這是孩子緩解心理壓力，保持心理平衡的一種方式，如果孩子在心裡上對大人不恰當的所作所為不敢怒、不敢言，許多委屈都憋在肚子裡，孩子的心理壓力就會非常大，久而久之就會產生憂鬱、頭痛、精神不振、懦弱等不良心理反應。

但是頂嘴並不是解決問題的最好方式，而且一旦養成習慣，也不利於他的學習和成長，甚至會影響到長大成人後的人際關係的和睦。所以作為家長要從以下幾方面進行引導：

♠ 遇事冷靜，賞罰有度

作為家長無論孩子犯了多大的錯，都不要急躁，先要問清事情的來龍去脈，再決定處置方法，不可連帶處罰，不翻舊帳。賞罰前，要先講明道理，讓孩子徹底信服。

♠ 注重言傳身教

孩子的模仿能力很強，做家長的也應對其父母或上司表現出應有的尊重，少與之發生爭執，否則就會影響

CHAPTER 1

讓孩子做最好的自己—
愛的心理學

到孩子。

♠ 給孩子申辯的權利

即便知道它們在狡辯，也要耐心聽他們把話講完，然後因勢利導，幫助他們瞭解到自己的錯誤所在。如果條件允許的話還可以讓他們選擇將功補過的辦法來彌補過錯，這往往是他們最樂於接受的。

✎ 本節筆記：

孩子和父母頂嘴是「一個巴掌拍不響」，父母應當反思一下自己，在教育方式上多下些功夫！同時還要有一顆包容的心，因為現在的孩子畢竟接受教育早，接觸的傳媒也多，而且頂嘴也是孩子不良情緒得以宣洩的一個途徑，從另一方面來看這也說明他們判斷是非的能力變強了。

✓ 你能這麼做：

站在孩子的立場上來考慮和理解孩子的話。對話中，要慎用「不」字，巧用「幫」字，使孩子易於接收。

第十二節
讓孩子成為最好的自己

一旦為人父母，一個重要的問題就擺在了眼前：孩子的人生開始了，這一生我是該讓孩子快樂，還是該讓孩子成功？

「成功派」的觀點是：人生就是要追求成功，沒有成功談不上快樂，為了成功，即使讓孩子們先「痛苦」若干年也在所不惜。「梅花香自苦寒來」嘛！

CHAPTER 1

讓孩子做最好的自己——
愛的心理學

「快樂派」的觀點是：人生理當活得快樂，沒有快樂的成功是毫無意義的，只要快樂，孩子沒出息也無所謂。「我平庸，我快樂！」

其實，快樂與成功的關係遠沒有這樣簡單。二者既是矛盾的，又是相容的，而且還是並存著的。

有的孩子既成功又快樂，失敗不能令他們沮喪，煩惱也不會妨礙他們繼續追求成功。對這種孩子，既不必強調成功，也不必囑咐他們去尋求快樂。

有的孩子看來很成功，但是快樂的源泉過於狹小，完全寄托於練好媽媽讓他練的鋼琴，那麼一旦練不好，就有可能崩潰。對這種孩子，就不能過於強化狹隘的成功意識。

有的孩子潛力本來很大，但嘻嘻哈哈、打打鬧鬧地過日子，這時候適當強化他的成功意識，或許能使他活得更充實，也更快樂。

有的孩子每天無憂無慮，學習也盡了力，但能力如此，這時家長若拚命逼他「成功」，則有可能使他既失

去快樂，又失去他本來可能獲得的那種成功，終將成為一個心灰意懶的失敗者。

有的孩子只有成功才能快樂，有的孩子成功不成功都可以快樂；有的孩子只有快樂才能成功，有的孩子皺著眉頭也能得到成功。

世界是複雜的，孩子什麼樣的都有，想按一個或幾個公式來塑造孩子，是極為不明智的。「快樂派」和「成功派」的家長都太急於「簡化」真理了，他們很可能缺乏「因人施教」的耐心和水平，而這是一個優秀家長必備的條件。

著名京劇大師梅蘭芳從小就失去父母，童年十分淒苦。後來，他跟隨老師學京劇，更是冬練三九、夏練三伏，從小就沒有像許多孩子那樣享受父母的呵護和關愛。因此，大伙都說他是在苦水裡泡大的。後來，梅蘭芳經過多年的刻苦努力，終於成為享有國際聲望的藝術大師。

他有了家庭，也有了孩子。但是，儘管生活好了，梅蘭芳明白這樣的一個道理：疼愛孩子並非表現在生活

上的滿足和給予，更應在心理和人格上進行塑造，只有這樣，孩子才會健康成長。因此，儘管梅蘭芳在社會上大名鼎鼎，但是在家中卻是一位和藹可親的好父親。

當時，戲劇界流行子承父業，也就是孩子也要從小就像父親一樣學習演戲，長大去當京劇演員。

但是，梅蘭芳卻沒這樣做，他極力主張父母不能為孩子選擇將來的工作，而應充分尊重他們的天性和性格。而且，梅蘭芳特別反對當時好多戲劇演員，不重視孩子上學讀書的陋習，主張應先讓孩子受教育。

正是因為梅蘭芳有這樣的先見之明，因此，在他家中父母對孩子的「溺愛」就是全力地支持孩子，到最好和他們最喜歡的學校去求學。並且，梅蘭芳還特別注重觀察和瞭解每一個孩子獨特的愛好和興趣，並在此基礎上，結合孩子的性格，幫助他們確立今後的生活和工作的方向。

他的長子梅葆琛生性穩重、樂於思考，於是，梅蘭芳便為他在理工科方面的發展提供機會，後來，梅葆琛

果然考上知名大學的建築系，日後終於成為有名的建築師。

二兒子梅紹武伶俐活絡、形象思維發達，於是，梅蘭芳便於抗戰時送他去美國讀文學系。後來，梅紹武成為一位著名的翻譯家。

梅蘭芳唯一的女兒梅葆月則沉穩嫻靜、溫婉端莊，於是，梅蘭芳便鼓勵她當一名大學老師。後來，在梅蘭芳的支持下她成為有名的京劇演員。

梅蘭芳最鍾愛的小兒子梅葆玖自幼心靈手巧，極具藝術家的潛質，加上嗓音和形象俱佳，真是繼承梅蘭芳創立的「梅派」藝術的最佳傳人。但是，即使如此，梅蘭芳也並不急於讓他少年習藝，而是直到梅葆玖大學畢業才讓他正式隨劇團學藝。正因為此，梅葆玖終於成為極有修養和具有獨特魅力的表演藝術家。

梅蘭芳先生善於育子成才，經常有人向他請教培育子女的經驗。每當此時，梅蘭芳先生總是莞爾一笑，淡淡地說：「尊重孩子就像尊重觀眾一樣！」。

CHAPTER 1

讓孩子做最好的自己——
愛的心理學

一九四二年八月，老捨先生曾寫過一篇叫做《藝術與木匠》的文章，其中有這麼一段：「我有三個小孩，除非他們自己願意，而且極肯努力，做個文藝寫作家，否則我絕不鼓勵他們，因為在我看來他們做木匠、瓦匠，或寫作家，是同樣有意義的，沒有高低貴賤之別。」

大部分美國家庭的父母，對孩子都有一種超然的包容和關愛，他們接受孩子的全部，包括缺點。他們不會強迫子女一定要去實現父母的夢想，而是讓孩子在自己創造出的最大空間裡，力所能及地發展。

我國父母，從某種意義上來說，對孩子的付出，要比美國人多得多。比如，不惜一切代價，甚至拿出自己養老的金，讓孩子接受最好的教育。

美國華裔家庭的孩子，幾乎沒有一家不不惜血本地讓孩子學習鋼琴，小提琴，舞蹈，繪畫，運動等等。甚至，上了美國知名大學的華裔子女，如果選擇了文科，比如歷史、文學等科目時，有些父母會即刻出來威脅子女必須改學其他專業科系。

應該説，我國的父母和美國父母都愛自己的子女，美國父母愛子女，愛得比較超然，他們愛孩子的所愛，愛孩子的志願，孩子的夢想，其中包括孩子的美中不足。

而我國大部分的父母，是為了要讓孩子要實現自己的夢想，而去愛孩子，管教孩子，鞭策孩子的，更直接地來講，我國父母有一種強烈的佔有欲，因為你是我的孩子，你是我的，我的要求是這樣，所以你要怎樣怎樣。

美國父母和孩子之間，在成長的路上多為朋友關係，到了十八歲之後，更是你走你的路，我過我的日子，就是孩子回來看父母，到餐廳一起用餐時，還會各付各的費用。然而在我國父母的眼裡，孩子永遠是孩子，孩子像風箏一樣，飛得再高再遠，父母都不會放走手中的線繩。

其實，父母需要做的應該是：

♠ 一、為孩子擬定一個切實可行的奮鬥目標

讓孩子看到希望，只要經過努力就能達到的目標，使他們學習起來興趣逐漸增加，越來越有興趣。這裡的

目標定位很重要，定高了不切實際，使孩子感到奮鬥無望，力爭不及，會使自己的努力付之東流。

定低了也不行，因為這樣會使孩子感到人來到世間太輕鬆了，不知生活的艱辛，尤其不知父母親的辛勤養育之苦，到頭來仍使自己的上述努力落空。

目標定位應以適中為宜，也就是説，孩子必須經過努力才能達到，稍有放鬆就難以實現，並使他們時時看到希望，事事想著目標，這才是父母親上述努力的目的所在。

♠ 二、認知到成長不等於成材

很多父母將孩子的成長與成材想做是等同，往往忽視成長往往是超越成材的，甚至將成材醜化，認為成材就是上明星學校。其實，社會上需要的是多方面、多層次的人才，要做到人盡其才，而不是人唯高才。因而，孩子的出路並非只有一條：上明星學校。大量的專科及高職類院校同樣是他們求學成才的去向。

另外，高中畢業後沒能考上大學的孩子，走上職場

成為自食其力的勞動工作者也是另一種形式的成才之路。

在謀生的道路上可以自學深造，這樣的事例在現今的社會裡有著數不清的人正在努力著，他們用自己的行動告訴世人：世上千百行，行行出狀元。

♠ 三、以孩子的實力做考量，調整自己的期望值

對有能力考上大學的孩子，要鼓勵他刻苦學習。這一過程中應時刻告誡自己的孩子：人才首先要學會做人，然後才能成為人才。而對於因各種因素而無法考上大學的孩子，作為家長的更應該靜下心來分析一下自己孩子的實際情況，切不可魯莽心急，放棄管教，也不能怨天憂人。

孩子學業成績差是智力因素造成的，即由於基礎差，接受能力差而導致跟不上進度，或由於書籍內容深、難，致使難以理解、消化吸收造成成績不理想，還是因非智力因素的影響。

♠ 四、留意孩子成長過程中以前未曾注意的因素

當今社會是一個開放的社會，孩子成長的環境已遠

CHAPTER 1

讓孩子做最好的自己—
愛的心理學

遠不同於其父母親當年求學時的情景。經過認真分析後，再與孩子平心靜氣地談談自己的想法，以求得共識。

同時作為孩子的父母親，也要聽聽家裡親戚朋友的看法，更要與學校老師多聯繫以瞭解孩子在學校中的具體情況。

♠ 五、與老師配合一致，同時自己也要身體力行

家長應多與老師聯繫，尤其是要與孩子的班導師配合好，絕不能把孩子送入學校就萬事大吉，等著拿明星學校錄取通知書。

孩子進入高中後，做為家長的切不可只關注孩子的學業成績，而不管其思想品德及言行舉止。因為這一時期的孩子可塑性極大，而且現在的外在環境又是錯綜複雜的，孩子的心理承受能力也並不是很強，遇到挫折和失誤如何對待，父母親的影響極為重要。

父母
必修的 **29** 節
教育心理學

✎ **本節筆記：**

在父母的眼裡，孩子永遠是孩子，孩子像風箏一樣，飛得再高再遠，父母都不會放走手中的線繩。但孩子畢竟不是風箏，而是那個真實存在著有思想的人。

✓ **你能這麼做：**

孩子是你生的沒錯，可是路需要他們自己去走。快樂應該是他們自己的快樂，成功應該是他們自己的成功。把握住這一點，作為一個家長，相信你才能像你期望的孩子一樣 —— 既成功，也快樂。

CHAPTER 2
讓孩子學會「做人」──

品德教育的心理學

　　家庭是孩子的第一課堂，父母是孩子的第一任老師。父母是孩子進入社會最初的模仿對象，孩子從父母那裡學會的某種習慣和處世態度，對其一生的發展產生極大的影響。當你培養孩子成為各種優秀人才的時候，千萬不要忘記：讓孩子先做一個堂堂正正的人。

第十三節
榜樣的力量

　　漢森習慣在每天工作之前，先去鎮上的酒館喝上一杯。雖然知道這是個不好的習慣，妻子也一直勸他戒掉，但是他想，反正只是自己的一個壞習慣而已，又不影響別人。

　　一天，天降大雪，漢森穿好棉襖，戴上手套，吻別妻子後，和往常一樣吹著口哨向酒館走去。沒走多遠，他覺得有人跟在後面。回頭一看，竟是自己年幼的兒子。

　　兒子踩著父親留在雪地上的腳印，興奮地邊跑邊喊：

CHAPTER 2

讓孩子學會「做人」——
品德教育的心理學

「爸爸，你看，我正在踩著你的腳印！」

兒子的話令漢森心中一頓，他想：「如果我去酒館，兒子踏著我的腳印，將來他也會去酒館的。」

從那以後，這位父親再也不光顧酒館了。

為人父母的，請走好你們的每一步，要知道，孩子正踏著你們的腳印呢！

家庭是孩子的第一課堂，父母是孩子的第一任老師。父母是孩子進入社會最初的模仿對象，孩子從父母那裡學會的某種習慣和處世態度，對其一生的發展產生極大的影響。

父母的品質、人格對孩子有潛移默化的作用，他會影響孩子今後的成長。如果父母的榜樣出現了偏差，孩子的思想行為就會出現偏差。在今後的生活中他就會鬆懈自律，做出有損社會公德的事情，從而也使他失去社會性人格的發展機會。

家長日常生活的一言一行都無不對孩子產生影響。有一位男人這樣談及他的父親：「我記得我的爸爸，在

勞工基準法還沒有建立起來以前，他每週有六天要為他的本職工作做很長的時間，星期日還有另外的工作，也是要做很長的時間。我還記得有時候天還沒亮的時候我醒了，就會聽見父親起床並悄悄地出去上班，而此時家裡的其他人都還在睡覺。

我不記得他生過病，請過一天假。他唯一不工作的日子是一些大的節日，他總是和我們一起做些事情來消磨他的假期，比如探望親戚，和我們一起騎腳踏車等等。他的家庭就是他的生活。他的工作信念和他對家庭的全力投入，給我留下了很深的印象，而且至今仍影響著我。」

許多人還記得他們的父母，是怎樣去幫助家庭之外的人。

一位母親說：「縈繞在我腦海中的是父母那種對家庭之外的其他人，所付出的真誠關心。我的父親直到六十歲時仍做著義消和救援工作者。我的母親則一直做著各種不同的志工，並時常幫助社區中的其他人。即使當時家中經濟並不寬裕，父母對別人仍很慷慨。因為父母的

CHAPTER 2

讓孩子學會「做人」──
品德教育的心理學

友善，許多人在我和姐姐面前常常稱讚他們。」

父母對孩子的影響是無時不在的，儘管你也會經常給孩子講道理，但你的行為卻會對孩子產生更深的影響。

當我們友好而和善地對待他人時，我們的孩子就會學到我們的善；當我們心胸狹窄、自私自利時，我們的孩子也同樣學到了這些東西。如果我們為了推掉一個不願參加的約會而說謊，或者我們因為不想接聽電話而讓孩子告訴人家我們不在家時，我們便在孩子的心靈中播下了撒謊的種子，受過騙的孩子會去騙人。孩子若看到家長從工作單位順手牽羊拿走工具，或在旅館裡帶走毛巾，便會以為順手牽羊不是壞事。在家裡見不到家長笑臉、得不到愛的孩子，將來也很難有個開朗和友愛別人的心。

家長的一兩的身教等值於一噸的說教。我們的孩子在注視著我們的生活，我們是什麼樣的人要比我們說什麼樣的話更有力量。

我們做出了率直的榜樣，我們的孩子就會誠實。

我們用愛環繞著他們，他們就會去愛。

我們善於諒解，他們就會寬容。

我們對運動顯示出興趣，他們就會在綠茵場上叱吒風雲。

我們用微笑和迷人的眼睛對待生活，他們就會懂得幽默。

我們感謝生活的祝願，他們就會對生活滿懷欣慰。

我們表示出友好，他們就會變得和善。

我們的言辭充滿進取的意志，他們就會振奮他人。

我們勇敢地面對挫折、失敗和不幸，他們就能學會頑強地去生活。

我們的人生肯定了我們對於生命長久而深沉的信念，他們將不再迷惘。

我們用真善美維護著他們，他們將會發現生存的真諦。我們的行為像個英雄，他們就會成為勇士。

不要只是站著，只用手比劃或指點著你企望你的孩

子征服的高度，攀援吧！他們就會跟上來。

此外，家長在對孩子的教育中，在深化孩子道德行為的同時，既要留意行為結果，又要留意行為過程中的合理性和適當性，給孩子們營造一個誠信、激勵、樂觀向上的好環境，以確保孩子在生活中不至於偏離社會軌道。

做為家長，我們應該認識到：

◘ 父母在孩子的眼裡就是模範和表率，父母的一舉一動、一言一行都在潛移默化地影響著孩子。

◘ 身為父母應注意自己的品德修養，如：孝敬長輩、誠實、守信等。

◘ 家長勤於研究、勇於探索的榜樣，在無形之中，也會深深地影響孩子的學習精神，促進了孩子的求知欲，使孩子在耳濡目染的環境中養成刻苦研究、執著追求的求知精神。

有這樣一個故事：

在一個落寞的舊城市裡，市民的生活環境髒亂。並

且城市的絕大多數人都已經習慣這種生活環境。城裡有一所小學，一位年輕的女教師給班上的一個小女孩買了條新裙子。

當小女孩穿著新裙子站在媽媽面前時，媽媽驚訝地張大了眼睛，沒想到自己的女兒原來是如此的漂亮可愛，但臉上顯得太髒了、頭髮也很亂。

於是媽媽就給女兒洗洗臉，梳理好頭髮。這下，這個小女孩簡直成了一個漂亮的小公主。這時，媽媽又發現屋子太亂、太髒了。於是把屋子裡面打掃了一遍，屋子很快就變得很乾淨整潔。

這時孩子的父親回來了，看見乾淨的屋子和漂亮的女兒，不禁一愣，隨即覺得髒亂的院子和屋裡太不相稱了，於是把院子徹底打掃得乾乾淨淨。鄰居家看到小女孩家的改變，很是羨慕，於是也跟著打掃起來。

這樣沒過多久，這條街上的人們都把自己的家園打掃的很乾淨。城市的主管看到這條街上的人家如此勤勞，就決定把這條破爛的街道重新鋪上柏油。兩年以後，一

CHAPTER 2

讓孩子學會「做人」──
品德教育的心理學

個嶄新、潔淨的城市出現了！

故事講完了。一件新衣引發了城市巨變，雖然有些童話色彩，但這個故事卻值得大家深深地去思考。

其實，改變自己的同時，你已經在改變世界了。模仿是孩子特別突出的一個心理特點。父母在教育孩子的同時，也要以自己的言行舉止做表率。

在現實生活中，父母孩子要樹立怎樣的榜樣？

▫要有博愛之心，憐憫、同情他人，能盡力而為的關心幫助他人。

▫尊重他人的人格和生命、健康，不東家長、西家短，亂議論他人的人和事，信任自己所瞭解的人並與之共事。

▫孝敬長輩，愛護晚輩。

▫要確確實實以自己的勞力和智慧，賺取家中所需之用物而不是由他人饋贈而來的。否則，孩子會覺得不用勞力和智慧照樣可以過好日子。

▫你永遠是個愛學習和勤於思考的人。

◗你是一個大智若愚的人，你不大喜大悲，冷靜沉著，對事對人有智慧、寬容，拿得起，放得下。

◗你的生活目標明確、熱情向上，意志堅強，堅定而堅持，敢於面對矛盾和困難。

◗你的行為嚴謹，做事幹練，實事求是，作風檢點，語言文雅，禮貌待人、謙虛謹慎。

◗你的舉止穩重，衣著整潔，住家內整齊有序、清潔衛生。

◗你身體力行，注重行為和言語影響人，善於鼓勵和糾正孩子。

這是十個主要的方面，做的程度有個別層次和境界，不管怎樣，你都得要盡力而為。

CHAPTER 2

讓孩子學會「做人」——
品德教育的心理學

✎ 本節筆記：

家庭是孩子的第一課堂，父母是孩子的第一任老師。
父母是孩子進入社會最初的模仿對象，孩子從父母
那裡學會的某種習慣和處世態度，對其一生的發展
產生極大的影響。

✓ 你能這麼做：

不要對著孩子是一套，背著孩子又是一套。要注意父母
之間如有爭執和爭吵時，要避開孩子，不要在家庭瑣事
上，互相鬥嘴、爭吵。
不要在孩子面前說謊話或者說大話。不要不分場合的指
責孩子的過錯，以至傷害了他們的自尊心。在孩子面前，
不要以冷漠的態度待人接物。

第十四節

道歉不可怕

　　阿仁的父親馬尼拉勒是老甘地的次子，他很注意家
庭教育的方法。阿仁十六歲的時候，有一次，他開車送
父親馬尼拉勒到幾十公里外的地方去開會。到達開會地
點後，阿仁與父親約好碰面的時間和地點，便把車子交
給車廠檢修，自己則跑到電影院看電影。

　　電影的情節很吸引人，等影片結束，阿仁才發現比
約定的時間晚了半個小時，便趕緊取了車子開到與父親
約定的地點。

CHAPTER 2

讓孩子學會「做人」——
品德教育的心理學

　　這時，馬尼拉勒早已等候在那裡了。阿仁怕父親責怪，便撒謊說是修車耽誤了時間。誰知馬尼拉勒已和車廠通過電話了，阿仁的謊言當場被揭穿。然而出乎意料之外的是，馬尼拉勒並沒有責備阿仁，而是說：「今天你缺乏講坦白的勇氣，這是我平時管教無方，我決定走路回去好好反省。」

　　此時，天已經黑了。馬尼拉勒默默地走在泥濘的鄉間公路上，阿仁只好開著車子慢慢地跟在父親身後，用車燈為父親照路。他們就這樣在路上走了整整六個小時。望著父親艱難行進的背影，阿仁十分後悔，他決心以後再也不說謊了。

　　如果馬尼拉勒當時直接把阿仁責罵一頓，阿仁很可能會想，下次撒謊的理由要更高明點，別再出紕漏。而馬尼拉勒採用這種自責的方式，卻讓阿仁深刻地認識到了自己的錯誤，取得了非常好的教育效果。

　　父母通常認為，說謊是一種不誠實的表現。當孩子出現說謊話的現象時，大多數的父母都會火冒三丈、氣

急敗壞，絕不會輕易罷休。父母經常會這樣想 —— 小小年紀就騙人，長大了還得了！在氣憤痛心之餘，不知道細心些的父母們有沒有發現，孩子的謊言總是很容易不攻自破，而他們圓謊的唯一技巧也只是一遍遍的重複。可見，他們是一群並不高明的說謊者，謊言中有許多帶有自欺欺人的成分。

事實上，孩子說謊可以分成兩類，第一類說謊是孩子認知發展不成熟的正常表現，包括記憶出現偏差，把現實和想像混淆在一起等。第二類說謊則是因為他們為了達到個人的某種願望，而有意識的欺騙他人，隱瞞事實，比如：孩子自己把玩具汽車摔壞了，卻說是被別人摔壞的。

♠ 第一類說謊：

通常發生在四、五歲以前，這與孩子記憶發展的特點有很大的關係。四、五歲之前，孩子還不懂得有目的、有意識的去記住一些東西，能回憶起來的只是一些形象鮮明、具體生動以及他們感興趣的個別對象。假如父母

想問他們一些細微、具體的東西，孩子一般都會一臉茫然的説「不知道」或者表示沉默。

其次，他們記憶的正確性也存在很大問題，在回憶的時候常常出現脱節、遺漏和顛倒順序等現象。孩子的記憶也比較易受到暗示或者歪曲事實，尤其當情緒處於異常活躍、興奮狀態時，他們習慣於將主觀願望與客觀現實混淆起來。

由於無法分辨兩者之間的界限，孩子通常擅自改變記憶的內容，導致記憶失真。比如小薇告訴媽媽：「我今天在幼稚園吃了四碗飯。」實際上她只吃了兩碗。但為了表示吃了很多，她就隨意誇大了。

另一個説謊的原因是孩子的想像力過於豐富，使得他們對事實和虛構分不清楚，經常會用一些虛構的內容來補充記憶中殘缺的部分，把主觀想像的事情當成親身經歷過的事陳述。比如：歡歡跟叔叔去看精彩的魔術表演，因此而迷上了魔術，回家後就告訴沒有去現場的父親説，他是如何上台去和魔術師共同表演魔術的，講得就像真

的一樣。

父親很疑惑就打電話向叔叔詢問，才知道一切全都是歡歡憑空杜撰出來的。因為他太希望會變魔術了，但又沒辦法做到，只能在腦海裡想想，用嘴巴說一說，以此過過癮。

♠ 第二類說謊：

通常發生在四、五歲以後，如果說第一類說謊不過是孩子的「無心之失」，那麼第二類說謊的孩子就是「明目張膽」了。

他們確實是在騙人，目的是為了逃避他們不希望面對的後果，它的前提是孩子已經具有一定的判斷、推理等抽像邏輯思維能力，以及人際交往中的心理互動能力。正因為如此，他們瞭解若是說了真話，父母會有哪些反應，自己又會落到什麼樣的處境。

舉個例子，小明打破了杯子，他猜測倘若承認杯子是自己打破的，肯定會受到父母的一頓責罵；相反的，如果不說實話就可能「逃過一劫」，於是他決定編個謊

話，就說是風把杯子吹倒的，結果他果然這樣做了。

由此可見，這一時期的孩子逐漸學會了自我保護。除了逃避身體的懲罰或物品、機會的被剝奪之外，也懂得了如何保護自尊，從而形成了自我防衛性反應──說謊。

比如：玩遊戲輸給了別人，米米心裡非常生氣和難過，但是卻壓抑住真實的情緒，回答老師說「我很高興」。

米米說謊的行為包括了兩種自我防衛機轉：一種是「否定」，即否定事實，明明不開心卻說開心；另一種是「反向」，也就是「此地無銀三百兩」。

米米低著頭、紅著臉輕輕說「我很高興」，她真實的感受當然逃不過成人的眼睛。孩子說謊除了膚淺之外，還帶有片面、短視等特點，就像小明只預測到了「打破杯子」的後果，沒有進一步想到父母知道他「說謊騙人」的後果。

孩子假借托詞來掩飾真相，其直接的原因是他們認為說真話的後果會「很嚴重」。也許父母知道孩子不小

心打破杯子的事情，並不會嚴厲的斥責，最多只是嘮叨幾句。

顯然孩子對他人的反應往往有點過於敏感和誇張，因而出現自我防衛過度的表現。另一方面，假如父母說過「不准打破東西，否則星期天別想出去玩！」之類的話，孩子當然會想盡辦法、絞盡腦汁的欺騙父母，逃避責任，以免剝奪來之不易的玩耍機會。

因此，人際溝通是至關重要的。父母最好經常與孩子平等的討論問題。在互動交流中，孩子才能消除對父母權威的某些誤解，正確理解社會規範，學會合理的判斷別人的反應。

此外，父母要調整自己不當的言行舉止。盡量避免說一些帶有威脅性的話。即使成人很多時候只是說說而已，孩子也極有可能當真。就算孩子做錯了事情，父母也要公正合理的對待與處理，不要動不動就實施嚴厲的管教。

口頭的恐嚇和曾受到懲罰的經驗，都會加劇孩子對

犯錯的恐懼，表現出更為嚴重的自我防衛反應。

　　值得一提的是，當父母知道孩子說謊騙人之後，務必要盡快冷靜下來。別急著給孩子定罪，先洞悉孩子說謊那一刻的心理，並結合自身的教育態度尋找原因。

　　透過談心開導，既要解開孩子的心結，又要讓他們認識到說謊行為並非解決問題的正當途徑。記得告訴孩子：在父母心目中，誠實的品格和勇於承擔的精神比他們所犯的過錯及其後果重要得多。

　　不管孩子屬於哪一類的說謊行為，父母都不可以對此視無睹。畢竟當說謊成為一種習慣之後，將來可能發展為嚴重的道德或行為問題，這點為人父母一定要警惕。

　　一九二〇年有位十一歲的美國男孩，踢足球時不小心踢碎了鄰居家的玻璃窗，鄰居索賠十二‧五美元。闖了大禍的美國男孩向父親認錯後，父親讓他對自己的過失負責，他為難地說：「我沒錢賠人家」，父親說：「這十二‧五美元先借給你，一年後還我。」

　　從此，這位美國男孩每逢週末假日，便外出辛勤打

工，經過半年的努力，他終於賺足了十二‧五美元還給了父親，這個男孩就是後來成為美國總統的雷根，他在回憶這件事時說：「透過自己的勞力來承擔過失，使我懂得了什麼叫責任」。

怎樣培養孩子的責任感呢？

♠ 自己的事情自己做

在家中應明確的指出哪些事情是由爸爸、媽媽來做的，哪些事情可由爸爸、媽媽幫助孩子做，又有哪些事情則必須自己做，對應當自己做的事必須給孩子一個明確的要領和範圍，在不同的年齡給他制定不同難度的目標範圍，父母絕不要包辦代替，不能總是替孩子承擔責任。

♠ 家裡的事、別人的事要幫忙做

應讓孩子明白、光做好自己的事還很不夠，因為自己也是家庭的一員，是團體的一員，當然有責任協助做一些家務事，團體的事，在力所能及的範圍內對家庭，對團體盡責，只有這樣將來才能更認真地為社會盡責。

CHAPTER 2

讓孩子學會「做人」—
品德教育的心理學

♠ 對自己行為的後果負責

要善於抓住生活中的點滴小事，無論事情的結果好壞，只要是孩子獨立行為所造成的後果，就要鼓勵孩子敢做敢當，不要逃避責任，應該勇於承擔後果，家長不應替他承擔一切，以免孩子失去責任感。

當然，還有一點很重要，就是家長們應努力要求自己做個有責任感的好家長，好公民，以身作則，要求孩子辦到的事、自己也要先做到。

✎ 本節筆記：

責任感是人們安身立命的基礎，當一個人具有了某些能力時，就要對相應的事情負責。但是，兒童做事往往比較重視行為過程本身，而不太重視行為的結果。因此，要培養孩子的責任感，必須讓他們養成對自己的行為結果負責的習慣。

✓ **你能這麼做：**

讓孩子對自己某些行為造成的不良後果設法補救。如小孩損壞了別人的玩具，一定要讓孩子買了還給人家，讓孩子知道，誰造成不良後果，就該由誰負責。

第十五節

記得説「謝謝」

有這樣一個真實的故事：

一天，剛搬來的鄰居小女孩去隔壁串門子，鄰居拿出一袋包裝精緻的巧克力時，小女孩驚訝地瞪大了眼睛。

當小女孩明白這是送給她的時，小女孩並沒露出應有的欣喜，也未伸出雙手來接，只是猶豫地搖了搖頭説：「叔叔，媽媽説不可以拿別人的東西。」儘管小女孩嘴

裡這樣說，可是她的眼神分明告訴別人她非常想得到這份禮物。

於是鄰居開導她：「小妹妹，妳看叔叔是不是壞人？」小女孩肯定地搖了搖頭。鄰居說：「既然這樣，妳就收下吧！妳媽媽不會怪妳的。」小女孩終於把巧克力裝進口袋裡，蹦蹦跳跳地唱著歌走了。

不料，過了不一會兒，小女孩又站在了鄰居的門外，紅著雙眼怯生生地說：「叔叔，媽媽說了，任何人的東西都不能要，媽媽要我把巧克力送還給你。」說著，她把一整袋的巧克力遞到鄰居的手上，一步一回頭地走了。

誠然，品質高貴的人必須擁有自尊，拒絕施捨，拒絕貪婪，年輕的父母讓孩子從小就培養不伸手索取，不隨便接受饋贈的好品德，是可以得到理解和支持的。

況且，在競爭日趨激烈、物欲不斷膨脹、欺騙與奸詐日益增多的今天，增強孩子的自立自強、自我防範和保護意識，也顯得尤為重要。

但是，孩子的健康成長，更需要愛的陽光，需要親

情、關愛和幫助。只有在愛的陽光沐浴下，孩子的笑容才會更燦爛，才會對明天有美好的憧憬；只有在充滿親情和關愛的氛圍中，孩子才會由被愛學會愛別人，由被呵護學會呵護別人；只有接受他人幫助然後再去幫助別人，孩子才能逐步學會在人生旅途的跋涉中克服一個又一個困難，一步步邁入成功的殿堂。

如果家長從小教育孩子，除了親人以外，誰也不相信，對誰也不能有感情，一味的拒絕他人，那麼長此以往養成的所謂自尊與獨立，必然包含更多的是淡漠與孤僻。有了這種封閉的心靈，很難想像孩子將來如何經歷風吹雨打，如何在五光十色的社會中立足與生存。就像鄰居女孩這件事，如果其父母教孩子在這種情況下，先接受好意然後再說聲「謝謝」，豈不是一種更好的選擇。

孩子本來就是愛的結晶，而孩子的成長更離不開愛的滋潤與熏陶。年輕的父母們需要做的是，先教會他們如何接受愛，然後才能進一步領悟愛、鑑別愛、回報愛。

所以，在孩子成長的道路上，別忘了給孩子一個說

「謝謝」的機會。

　　生活中常見到一些孩子毫無規矩，十分任性，所做出的言談舉止甚至令人生厭。如：對長輩沒有禮貌，對小朋友隨意欺侮，說話粗俗蠻橫等等。那麼，怎樣才能培養孩子良好行為習慣呢？專家們建議家長們可以從以下幾個方面給予重視。

♠ 要和孩子建立一種朋友式的關係

　　許多家長在糾正孩子不良行為的時候，習慣用命令式的口吻：「把掉在桌上的米粒給我撿起來吃！」「看看你身上的土，以後再這樣就不准你進家門！」有的父母一時氣憤還會出言不遜──「懶惰鬼」、「笨豬」……殊不知，這種不講道理的強制性管教，往往會激起孩子的叛逆心理而得到事與願違的後果。

　　正確的做法是，欲培養孩子良好的行為舉止，首先要心平氣和地耐心地與他講明道理。孩子都喜歡聽爸爸、媽媽小時候的故事，我們可以將自己兒時的良好行為習慣，透過講故事的形式講給孩子聽，這樣往往能達到潛

移默化的作用。

總之，孩子「聽話的前提是要讓孩子完全信任你，這種信任來自開誠佈公的交流。兩代人在如何培養良好行為方面取得一致意見，便可收到理想的效果。

♠ 堅持以表揚和鼓勵為主的原則

可以先給孩子在行為舉止方面確定一些簡單的目標和準則，並在實際生活中，讓孩子體會到哪些行為將受到勸阻，哪些行為會獲得鼓勵。

比如：當看到孩子主動收拾玩具時，應該及時地稱讚或報以滿意的微笑。當然，鼓勵要以精神獎賞為主，如果動輒給予物質獎賞，便難免造成不良的後果了。

當孩子出現不符合規範的行為舉止時，不可性急，要慢慢地予以糾正。如：孩子和小朋友在玩耍時發生了爭執，甚至打了對方，此時家長要就事論事地指出錯誤所在，說明他的行為為什麼不受別人的歡迎和尊重。但切忌「新帳老帳一起算」，應將問題和孩子本身分開，絕不可傷害了孩子的自尊心。

此外，說教的時間不宜過長，對孩子來說，這種「糾正」很容易被遺忘，只有不斷的提醒和教育，方能收到預期的效果。

♠ 不能用成人的行為標準去要求孩子

為孩子創造少「犯錯」的環境，以便減輕孩子心理負擔。例如：若要避免他無意中打破貴重物品，就不應將這些東西放在孩子拿得到的地方；又如：有的孩子願意和甲玩而不願意和乙玩，這本來是孩子的事情，為人父母的最好不要干涉，否則便會釀成孩子心理壓抑和失衡。

一位教育專家說過：行為美的孩子，與其說是家長「教」出來的，莫如說是家長「帶」出來的。為人父母者本身的良好素養和良好行為，顯然是培養孩子良好的行為習慣的先決條件。

CHAPTER 2

讓孩子學會「做人」——
品德教育的心理學

✎ 本節筆記：

年輕父母需要做的，是先教會他們如何接受愛，然
後才能進一步領悟愛、鑑別愛、回報愛。所以，在
孩子成長的道路上，別忘了給孩子一個說「謝謝」
的機會。

✓ 你能這麼做：

欲培養孩子良好的行為舉止，首先要心平氣和耐心地與
他講明道理。孩子都喜歡聽爸爸、媽媽小時候的故事，
我們可以將自己兒時的良好行為習慣，透過講故事的方
式講給孩子聽，往往能達到潛移默化的作用。

第十六節
榮譽是什麼

　　德國作家席勒有句名言：「還有比生命更重要的，那就是榮譽。」如何正確對待孩子的榮譽，是一個值得家長重視的問題。

　　當孩子被選為模範生、班上幹部或參加文藝比賽獲得了獎後，一些家長卻漠然視之，無動於衷，有的甚至把孩子的獎狀視若敝履，使孩子的自尊心受到極大傷害；而另外一些家長卻過分重視孩子的榮譽，在孩子取得成績或獲獎後，廣邀親戚朋友來到家中慶賀，並且透過各

種關係和各種途徑大力宣傳張揚。

西班牙作家塞萬迪斯認為：「榮譽和美德是心靈的裝飾。要是沒有它，肉體雖然很美，但不應該認為美。」

英國唯物主義哲學家洛克在《教育漫話》中說過：「榮譽雖然不是德行的真正原則和標準，但是它離德行的真正原則和標準是最近的。它是一種指導鼓勵兒童的正當方法。」

生命是短暫的，榮譽是久長的；榮譽的桂冠，都是用荊棘編織而成的。孩子透過不懈的努力所得到的種種榮譽，家長都應該珍視，同時又要掌握分寸。

望子成龍，是天下所有父母親的願望，我們的許多家長，教育孩子要完全按照父母的指示去做，一方面，認為孩子什麼都不懂，所以要包辦一切，指揮一切；另一方面，卻又要用對大人的標準來要求孩子，認為孩子什麼都該懂，應該理解父母的苦心，應該服從。

什麼都想到了，就是沒想過孩子的感受。在這些家長的觀念裡，孩子成了自己的成就，成了滿足家長虛榮

心的工具。孩子被迫來圓我們尚不未完成的夢想。我們都是平凡人，卻想盡辦法要把孩子培養成最頂尖最優秀的人才，練鋼琴、背英語、畫國畫、學舞蹈……而在世界上，頂尖和優秀的人才只是很小的一部分，為什麼我們不能讓孩子成為和我們一樣的平凡人呢？

家長需要用一顆平常心去看待孩子的榮譽，面對成長中的孩子，我們家長一定要尊重孩子的意願，從孩子看問題的角度來看問題，不能將自己的願望強加於孩子身上。我們有了平常心，才會培養出人格健全的孩子。

♠ 不要過分張揚

為了讓孩子出名，家長托人情，找關係，到處奔波，這是不好的。孩子有了一點點成績，便大肆吹噓，這簡直是害了他，特別是獨生子女。古人說：「小時了了，大未必佳。」稍有成績，家長就到處炫耀，到最後把孩子的希望都吹掉了。

♠ 杜絕冷漠貶低

當著眾人的面指責孩子的不是，以這種方式教育孩

子易傷害孩子的自尊心。

對孩子的任何一點榮譽都不能看輕它，要注重以此為契機鼓勵孩子爭取更好的成績。

♠ 學會珍惜

孩子的榮譽勿須張揚，也不能貶低，唯宜珍惜。面對孩子已經取得的榮譽，家長要加以肯定，並提出更高的目標，鼓勵孩子去爭取更好的成績，讓已經取得的榮譽成為向更高榮譽攀登的動力，用榮譽幫助孩子克服學習和生活上的困難，鍛鍊意志力。

✎ 本節筆記：

生命是短暫的，榮譽是久長的；榮譽的桂冠，都是用荊棘編織而成的。孩子透過不懈努力所得到的種種榮譽，家長應該珍視，同時又要掌握分寸。

✓ **你能這麼做：**

家長需要用一顆平常心去看待孩子的榮譽，面對成長中的孩子，一定要尊重孩子的意願，從孩子看問題的角度來看問題，不能將自己的願望強加在孩子身上。家長有了平常心，才會培養出人格健全的孩子。

第十七節

學會寬容

　　幼稚園老師要求孩子們帶一個塑膠袋，並在裡面裝上花生。每一個花生殼上都寫著自己最討厭的人的名字，所以痛恨的人越多袋子裡花生的數量也就越多。無論到什麼地方孩子都要帶著袋子。日子一天天過去，發霉的花生散發出難聞的氣味。另外，孩子也不願意再隨身帶著沉重的袋子。一周後，遊戲結束，孩子們終於解放了。

　　這時，老師告訴他們：「這就和你心裡記恨著自己討厭的人一樣。如果你連腐爛花生的氣味都無法忍受一

個星期，那你又怎麼能讓嫉恨的毒氣佔據你的一生？」
不要讓自己的一生都背負仇恨的包袱，原諒別人的過錯，
是放過別人，也是放過自己。

　　能與他人和諧相處，最重要的是自己要先有一個寬
容之心。學會寬容他人，對處理好人際關係至關重要；
但在日常生活中，難免會發生衝突、出現誤會。受到誤
解‧甚至被無理侮辱。因此，能做到寬容他人，也不是
那麼容易的。

　　常常是自己的孩子與別人的孩子打架，受了氣，做
為家長想勸孩子寬容對方，但又怕這樣顯得太軟弱了。
怕今後孩子性格變得懦弱了怎麼辦，長大後在工作上總
吃虧怎麼辦。古代一些有作為的人都有著廣闊的胸懷，
能容難容之事。現代社會資訊繁多，接觸的人也多，在
個性上差別大，要想有所作為，要想與人和諧相處，就
更需要有一個廣闊的胸懷，更需要學會寬容他人。

　　一個人的胸懷，可以像天空，像大海，也可以像針
尖，生活中我們不是常常見到那些愚昧狹隘的人，為針

似大的事而爭得面紅耳赤，打得不可開交嗎？這樣活著不是很可悲嗎！因此，真正的強者，都能寬容別人。家長應教育孩子，從小樹立一個觀念，絕不能讓自己的胸懷像針尖那樣狹小，要開闊自己的胸懷，只有能寬容別人，才能與人和諧相處，才能品嚐到人生的快樂。

教孩子學會寬容，做到心中有他人，沒有一顆寬容之心是不行的。家長可以讓孩子透過角色互換的方法，擺脫以自我為中心，學會心中有他人和寬容他人。孩子們在遊戲、學習的活動中難免會發生磨擦，家長要教育孩子學會處理這些磨擦，教孩子對其他小朋友多一點忍讓，多一份關心，這樣別人也會遇事寬容自己，體諒自己，為自己著想。實際上，孩子學會了寬容，就學會了如何贏得朋友，有了朋友，孩子才會真正體會生活的快樂，才能健康成長。

寬容是人的一種美德，是做人的一種風度和境界。寬容，能使人性情隨和，能使心靈有轉圜的餘地，能使人消除許多無謂的爭執。寬容的人，時時刻刻都會受到

人們的擁戴，因而他們更容易處理好各種人際關係，能夠很快地適應各種不同的環境，能夠融洽地與人合作，充分挖掘自己的潛能。

教孩子學會寬容，尤為必要，這不僅是為孩子今天能處理好同學關係，而且也是為孩子將來的幸福奠定基礎。寬容的種子往往需要父母去播種，父母親讓孩子親親那位姐姐時，寬容的種子就已深深地植入孩子幼小的心靈了。有教育家說過：「推動搖籃的手，也就推動了整個世界！」母親的素養有多高，孩子就會飛得多高！

一位社會學家曾經說過：「真誠待人，寬宏大量，是健康人格的必備素質，也是處理好人際關係、溝通彼此心靈的重要條件。」

培養孩子的理解與寬容，首先要從家長自身做起。父母是孩子的第一任老師，家長的言行對孩子起著潛移默化的作用。家長應改正種種不良習慣，為孩子做出表率，在孩子心目中樹立一個豁達大度、寬宏大量的形象。同時，還特別要注意從以下幾方面並加以引導，讓孩子

幼小、純潔的心靈自然地建立起一種「人格優勢」。

♠ 要引導孩子學會忍讓

孩子們沒有成年人那種複雜沉重的心理障礙，他們的內心世界是純潔無瑕的，即使出現了爭執和隔閡，也非常容易自行解開或和解。作為家長，不能有意無意地把自己的不良心理行為強加於孩子身上，給他們純潔的心靈投上陰影，而是要以實際行動培養孩子的寬容之心，教育孩子要具有豁達的胸襟。

♠ 要引導孩子學會助人

家長們應協助老師一起樹立孩子的團體觀念，注重培養孩子同情他人、幫助他人的意識，鼓勵孩子多與同學進行真誠、平等的溝通交流，使孩子完全融入周圍的群體中去，養成助人為樂的良好習慣。

♠ 要引導孩子學會道歉

每個家長都應從小培養孩子辨別是非的能力，教育他們「勿以善小而不為，勿以惡小而為之」，對於自己所犯的錯誤要勇於承認，勇於改正，要學會向別人道歉。

♠ 要引導孩子學會忘記

一位著名的心理學家曾經說過：善忘，是人生的一種佳境。為人家長的，要注意引導孩子不記前嫌，盡快忘記他人的得罪、挑剔，忘卻遭遇的苦悶、挫折，忘卻心頭的誤解、怨恨……把不快的事情盡早拋之腦後，大踏步走入人生的佳境。

✎ 本節筆記：

家長們要透過自身實踐和多方位的引導，讓孩子們真正領悟理解與寬容的深刻含義，讓孩子們真正認識到豁達的人心胸寬廣，有如海洋，納百川，競千帆。豁達的人是站在生活的至高點，一覽眾山小；又是處在生活的最深處，風雨平常事。

✓ 你能這麼做：

培養孩子的理解與寬容，首先要從家長自身做起，家長應改正種種不良習慣，為孩子做出表率，在孩子心目中樹立一個豁達大度、寬宏大量的形象。

第十八節
懂得樂觀

　　理想的人生應當是快樂的、向上的、大有成就的、幸福美滿的，也沒有比這樣的人生更令人嚮往、更值得追求的了！孩子正處於人生的起步階段，每一個父母都希望自己的孩子將來出人頭地，人生幸福美滿，為此，就必須從小培養他們快樂活潑、積極向上的性格。這種性格最具有生命活力。

　　生活本來就不是十全十美、萬事如意的，樂觀者從不怨天尤人，而總是讓生活伴隨著憧憬和追求。高爾基

説過：「追求進步，這才是生活的真正目的。讓整個一生都在追求進步中度過吧！那麼在這一生裡必定會有許多美好的時刻。」

在遇到困難和挫折的時候，樂觀者會像普希金寫的詩句那樣：

假如生活欺騙了你，

不要憂鬱，也不要憤慨！

不順心的時候暫且容忍；

相信吧！快樂的日子就要到來。

樂觀者總能在失敗中看到希望，而悲觀者卻在希望中看到失敗。人生怎能不樂觀呢？

在學習和工作取得一點成功的時候，積極快樂者絕不會忘乎所以，即使取得像牛頓和諾貝爾那樣偉大的成就，也不忘繼續進取。牛頓說：「我不知世人對於我是怎樣的看法，不過我自己只是覺得我就像在海邊玩耍的一個小孩子，有時很高興地撿著一顆光滑美麗的小石子，但真理的大海，我還沒有發現。」

CHAPTER 2

讓孩子學會「做人」─
品德教育的心理學

諾貝爾說：「在我們這個被稱為銀河系的小小的宇宙漩渦中，大約運行著一百億顆太陽，但太陽如果知道了整個銀河系有多大，它肯定會因為自己的渺小無比而感到羞愧不如。」這是何等寬廣的胸懷！

綜合上面所述，生活不論是遇到困難、挫折、失敗、災難還是取得成就，一個人只要擁有開朗、快樂而進取的性格，就能擁有永久的幸福。這樣的人不論處於何種環境，都會像伏契克說的：「為了歡樂而生，為了歡樂而戰鬥，為了歡樂而死。永遠不讓悲哀和我們的名字聯在一起。」

我國孩子的思維方式往往是遇事先想困難，少想益處。在家庭教育中，應鼓勵孩子先考慮問題的正面。但最主要的是，要讓孩子知道快樂的源泉在哪裡？詩人亞歷山大・蒲柏把快樂稱作是「我們生存的終極目標」。這一點，必須在家庭教育中得到最完整、最徹底的貫徹，既把快樂當作是家庭教育的方式，也作為家庭教育的目的，應當教給孩子的是：真正的快樂是人生的意義之所

父母
必修的 **29**節
教育心理學

在。

　　如果要使孩子獲得快樂，首先做家長的必須要知道什麼是孩子的快樂。這就是：孩子主觀上能處於一種快樂的狀態，即心理平衡而滿足的內在感受。當孩子快樂的時候，他們會喜愛自己，熱愛生活，能夠從每一天當中得到樂趣。

　　醫學研究顯示，快樂的能力受到生物和遺傳的影響。大腦前額皮質區產生的電波活動越強，人就越快樂。在對同卵雙胞胎的研究過程中發現，我們每個人天生就有一個快樂的「設定點」，而它大多是經由遺傳而來的。但是，這並不意味著我們要停留在上天賦予我們的水準上。我們可以透過家庭教育，採取增進孩子快樂和消除孩子不快的方法來超越「設定點」，採取的方法主要有以下幾個：

♠ 教育孩子學會「把握今天」

　　人們往往會想：「當孩子的要求得到滿足時會感到很快樂。」或者「當孩子考試得了滿分的時候會感到很快樂。」等等。但是，如果想要想使孩子快樂，就必須

CHAPTER 2

讓孩子學會「做人」——
品德教育的心理學

教育孩子「把握今天」，因為人所能掌握的惟一時間就是現在。要告訴孩子，時間就是生命。生命的意義、生命的價值就表現在對時間的佔有、把握與利用。

從宏觀的一面來講，人生只有三天：昨天、今天、明天；從微觀的一面來講，人生是由若干個今天組成的。回顧昨天，是為了總結成敗得失，讓今天活得更美好。遙想未來，憧憬理想，也是為的讓今天活得更有價值。

要真正使生活過得有滋有味，充實美好，就必須珍惜每一個今天。一心只沉溺於對昨天的眷戀，今天將黯然失色；一心只沉迷於對明天的幻想，今天將輕飄浮躁。真正熱愛生命的人，必將對每一個今天情有獨鍾；或許可以不必追求每一個今天都過得有意義，但一定要使每一個今天活得有意思。可以教給孩子的方法有：

其一，學會享受每一刻。比如：看到別人對你友善的微笑，或者你幫同學解決了一個哪怕是微不足道的小困難，一種喜悅的感覺就會油然而生。

其二，學會把握每一分鐘。教育孩子學會確定一個

大目標，並落實在每天的行動之中。在行動中要努力尋找積極的感覺，不要使消極的情緒靠近自己，因為它會使人沮喪氣餒。

其三，學會善待身邊的每一個人。經常回憶朋友給自己帶來的快樂。

其四，學會到室外活動放鬆自己。室外活動是減輕壓力和焦躁情緒的一劑良方。

其五，學會休息。懂得好好休息的人精力充沛，而保持精力旺盛的祕訣便是休息。

其六，學會經常微笑。經常微笑能在大腦中留下幸福的回憶，並能引起幸福快樂的感覺。

♠ 教育孩子學會追求快樂

當我們把孩子的行程安排得過滿，會使孩子慌慌張張地處理計劃清單上的事，然後筋疲力盡地倒在床上時，孩子是沒有快樂可言的。所以，在家庭教育中要把快樂放在最重要的位置上。甚至不妨把「孩子，你要快樂」這句話寫在一張紙上，把紙貼在孩子的書桌上，這樣，

孩子每天早上都能看見它。它會提醒孩子珍惜生活中所有能帶給他快樂的東西。

　　還要告訴孩子，快樂就隱藏在生活的細微瑣事當中。如果不仔細審視，它就會躲得無影無蹤。但只要留意，快樂就不會離你而去。

♠ 教育孩子學會羅列出值得感激的事情

　　俗話說：「知足者常樂。」這對孩子同樣適用。要教育孩子學會列舉所有大大小小的、能使生活充滿意義的事情，包括：孩子的天賦，所喜愛的每個人的優點，所居住的城市或社區的喜聞樂見，甚至大自然的恩賜，比如：植物、樹木、花朵、鳥類和動物等表現出來的趣事。

♠ 教育孩子學會如何改變

　　要讓孩子懂得，既要努力讓生活按自己的意願發展，也要樂於接受已經發生的一切。因為快樂就是這兩者之間的一種平衡。家長如何對這兩者加以區分呢？可以認真的想一想孩子的學習、同學關係和其他重要問題。冷靜客觀地考慮一下可以調整什麼，最好接受什麼以及必

須改變什麼。如果是和同學難以相處溝通，那就針對這方面的問題給孩子講一些人際溝通的技巧。如果是對自己的課業感到厭煩，那麼就仔細尋求原因，和孩子一起分析原因並找出解決問題的辦法才是明智之舉。

一旦決定改變，就要鼓勵孩子按照決定採取行動，堅持下去。這樣，快樂就會增加。

♠ 教育孩子發展興趣愛好

作家奧爾德斯·赫胥黎曾說過：「快樂是一種副產品，是你在做其他事情的過程中獲取的東西。」要告訴孩子，快樂的人未必是最忙碌的人，但是，他們通常忙於自己所熱衷的事情。當你專注地從事某項活動時，你就會得到快樂。

CHAPTER 2

讓孩子學會「做人」—
品德教育的心理學

✎ **本節筆記：**

家庭的氣氛，家庭成員之間的關係，在很大程度上會影響孩子性格的形成。研究顯示，孩子在呀呀學語之前就能感覺到周圍的情緒和氛圍，儘管當時他還不能用語言來表達。可以想見，一個充滿了敵意甚至暴力的家庭，絕對培養不出開朗樂觀的孩子。

✓ **你能這麼做：**

即便是天性樂觀的人也不可能事事稱心如意，也不可能「永遠快樂」。父母最好在孩子很小時就開始培養他們應付困境、逆境的能力。要是孩子一時還無法擺脫困境，還可以教育孩子學會忍耐，或在逆境降臨之時尋求另外的精神寄托，如：參加運動、遊戲、聊天等等。

父母

必修的 29 節
教育心理學

第十九節

學習合作的精神

互助合作是人類活動的基本形態之一，二十一世紀是競爭激烈的時代，對人的合作能力提出了更高的挑戰。因合作而安身立命，因合作而完善人生的經歷，成就更大的事業，相信每個年輕的父母都曾親身體驗過。

孩子雖然年幼，但教育他們合作的重要性卻絲毫不能減，無論是擁有現在的快樂童年，還是順利地適應未

來的社會生活，都需要他們具備有良好的合作精神及必要的行為經驗。歐洲心理學家阿德勒說：「假使一個兒童未曾學會合作之道，他必然走向孤僻之道，並永遠存在自卑的情緒。」現今身邊的孩子大多是獨生子女，容易養成一些以自我為中心的習性，然而他們將來要適應的卻是充滿挑戰的社會，有責任感的父母應該摒棄「樹大自然直」的懶人想法，要未雨綢繆，在孩子重要觀念養成之初便進行必要的引導。

現代社會在要求人們進行激烈競爭的同時，又需要人們進行廣泛的多方面的合作。其實，這兩點並不矛盾。同樣，人在社會上，如果缺乏與他人合作的精神和合作的能力，那麼，他不僅在事業上不會有所建樹，就連適應社會都很困難。

從孩子懂事時起，就要有計畫地培養孩子與他人合作的精神和能力。那麼，該如何培養孩子的合作能力呢？

♠ 讓孩子學會悅納別人

所謂悅納別人，是指自己從內心深處真正地願意接

受別人。從實質上來講，合作能使雙方長期相處珠聯璧合，也能使雙方的短期相處相互遏制。因此，只有相互認識到了對方的長處，欣賞對方的長處，合作才有了真正的動力和基礎。家長要常和孩子講「金無足赤，人無完人」，不能因為別人有這個缺點或那個毛病，就嫌棄他、疏遠他。為此，家長要教育孩子多看並善於發現別人的長處，並誠心誠意地加以讚美，而不是採取一種「不承認主義」。家長自己平時在工作和生活中，也應堅持這種態度來對待他人，以成為孩子的表率。

♠ 教孩子學會分享

假若孩子凡事都自私自利，斤斤計較，那麼他就難以與其他人友好相處，更談不上進行有關的合作活動了。因此，家長有必要讓孩子表現出一定程度的慷慨大方，體會到分享的快樂。

這裡面有些值得家長注意的原則和技巧問題，比如：要讓自己的孩子和別人的孩子分享他所喜愛的玩具，切忌強行逼迫，也無須向他講一些空洞的大道理。不妨可

CHAPTER 2

讓孩子學會「做人」——
品德教育的心理學

以這樣跟他說：「你玩一會兒，也讓他玩一會兒，你們倆都高興，不是很好嗎？」

適當地引導孩子，多給他鼓勵，他就會感到分享對他不是一種剝奪，而是一種增加更多樂趣的機會。當孩子較小時，父母不妨就對孩子進行這方面的「分享訓練」。當孩子手中拿著畫冊時，父母可拿著一個玩具，然後溫柔地、慢慢地遞給他玩具，並從孩子的手中取走畫冊。這樣透過反覆訓練，孩子便學會了互惠與信任。

♠ 讓孩子多參加有利於產生合作關係的活動

家長可以讓孩子玩一些諸如：共同搭積木、拼圖等需要合作的活動，還要鼓勵孩子參與，如：足球、籃球、排球、跳繩等體育活動。這些活動既有團體之間的對抗與競爭，又有團體內部的協調與合作，這就更有利於培養參與者的合作精神。

♠ 讓孩子學會寬容忍讓

一、要讓孩子瞭解自己在家庭中的位置，讓他懂得他只是家庭中的普通一員，不能對他嬌慣，不能無限度

地滿足他的願望，不能給他特殊的權利，讓他高高在上。

二、要求孩子心中有他人，不要總是以「我」為中心，一切只顧自己。

三、必要時讓孩子有一些吃虧讓步的體驗，以鍛鍊孩子的克制能力。

四、多給予孩子與同伴交往的機會，使之從中得到經驗。讓孩子在發生爭執的後果中體會到只有團結友愛、寬容謙讓，才能享受共同玩耍的快樂。

五、要教育孩子理解和尊重自己的長輩，體諒長輩的辛苦，珍惜長輩的辛勞成果和對自己的愛護。

六、家庭成員間要友愛寬容，讓孩子從小就生活在一個溫馨、和諧、友愛寬容的家庭環境中，使其在潛移默化的影響中，逐步形成穩定的寬容忍讓的良好修養。

CHAPTER 2

讓孩子學會「做人」—
品德教育的心理學

✎ 本節筆記：

孩子們將來要適應的是充滿競爭與挑戰的社會，有
責任感的父母應該摒棄「樹大自然直」的懶人想法，
要未雨綢繆，在孩子重要觀念養成之初便進行必要
的引導。

✓ 你能這麼做：

家長可以讓孩子玩一些諸如：共同搭積木、拼圖等需要
合作的活動，還要鼓勵孩子參與，如：足球、籃球、排球、
跳繩等體育活動。這些活動既有團體之間的對抗與競爭，
又有團體內部的協調與合作，這就更有利於培養參與者
的合作精神。

第二十節
信用是可以「傳染」的

有這樣一個故事：

一個年輕人帶著行囊過河，行囊裡裝有信心、金錢、親情愛情、誠信等。船夫考慮船所能承載的重量，要年輕人丟掉些行囊裡的東西，年輕人不假思索地就把誠信扔到了河裡。

船擺渡到一半時，船夫改變了行船路線。年輕人憤

怒地指責船夫沒有誠信，而船夫卻心平氣和地回答道：
「一個已經拋棄了誠信的人，我也沒有必要以誠信對待
他！」

　　這個故事，深刻地說明了誠信在人際關係中的重要
作用。美國從幼稚園起就非常重視對孩子的誠信教育。
美國波士頓大學教育學院設計的基礎教材中，就特別加
重了誠信方面的內容。其中一篇課文講述了一則古代的
故事：一位君王要選擇繼承人，於是他發給每一個王子
一粒花種，誰能種出最美麗的花就將被選為未來的君王。

　　評選的時候到了，王子們都端著美麗的鮮花前來參
選，只有最小的那個王子端著一個空花盆前來，最後他
卻被選中了。因為王子們拿到的花種都已經被煮過了，
是不可能會發芽的。這次的測試不是為了發現誰能把花
種好，而是選出最誠實的王子。

　　美國一所學校的多名學生，在完成生物作業時抄錄
了某網站提供的一些資料，任課老師毫不留情地給這些
學生的作業打零分。這位老師說，第一天上課他就和學

生定下協議並由家長簽字認可。協議上說，所有的作業都必須由學生自己獨立完成，欺騙和剽竊將導致課程失敗。支持他的家長們說，教育學生成為一名誠實的公民，遠比通過一門生物課程更加重要。

誠信需要從小培養，父母一定要以身作則，為孩子起到好的榜樣作用。我們給父母的建議是：

♠ 一、要創造輕鬆、愉快、民主、和諧的家庭氛圍

因為只有家庭成員相互保持誠實真摯的態度，使孩子感到成人的愛護和關心，他才能夠信賴成人，有了過失才敢於承認。

♠ 二、經常講一些「做人要誠實」的道理

由於孩子年紀小，必須把道理具體化、形象化、趣味化，孩子才能接受。所以，可利用故事，把做個誠實的人的道理寓於故事之中，使孩子明白什麼是誠實，什麼是虛假和欺騙，應該怎麼做，不該怎麼做。

♠ 三、要滿足孩子合理的要求和願望

如：適時的給孩子添置玩具、圖書及文具等。讓孩

CHAPTER 2

讓孩子學會「做人」—

品德教育的心理學

子意識到自己需要的東西，只要是合理的，又是家庭能力所能及的，是會得到滿足的。這樣可避免孩子因需要不能滿足，而把別人的東西隨便拿回來，又不告訴家長的情況發生。

♠ 四、要有正確的教育方法

當發現孩子有不誠實的言行時，要採取耐心傾聽的方法，冷靜的聽聽孩子的想法，分析原因，對症下藥，切不可急躁、粗暴，甚至施加壓力，進行打罵、體罰等，這樣只會適得其反，造成孩子為了躲避責罰打罵而說謊。

♠ 五、制定一些規則並嚴格要求

如：不是自己的東西不能帶回家，沒有得到別人的同意，不可隨便拿別人的東西，借了人家的東西要及時歸還，犯了錯要勇於承認，凡是答應別人的事就一定要想盡力去做好等。

這些規則一經提出就要嚴格執行，不能朝令夕改，並要重視克服「第一次」出現的問題。對執行規則，家長要態度堅決，嚴格要求，切不可遷就、姑息。

♠ 六、父母要以身作則

孩子喜好模仿，他們時時刻刻都在觀察模仿父母的行為，因此家長要做到「言必行，行必果」，凡是答應孩子的事就一定要兌現。如因情況有變或因其他原因兌現不了，也要向孩子說明情況，解釋清楚，表明不是有意騙他。

要孩子做個誠實的人，家長就必須先做到待人誠懇，不說假話，不誇大其詞，也不掩飾錯誤。家長用這樣的言行做孩子的榜樣，有利於孩子逐步形成言行一致、表裡如一的品德。

教孩子誠信，其實也就是在教孩子做人：

🄳 當孩子學會許諾的時候，就要提醒孩子諾言的責任，許諾前要三思，並且及時提醒孩子兌現承諾。

🄳 如果孩子沒有信守承諾，家長要教導他重視自己的承諾，不可言而無信，切不可因為被許諾的人似乎也不在意，就聽之任之。因為如果多次這樣，孩子就會認為不信守承諾也不會有什麼不良後果，就會輕視諾言。

讓孩子學會「做人」──
品德教育的心理學

◗ 發現孩子信守諾言時，家長要及時表揚。

◗ 要注意避免「逼」孩子許下不可能兌現的諾言。
這種行為對孩子的心理健康很不利。一方面他學會了使
用大而空的諾言取悅別人，另一方面他許下這種不能或
很難兌現的諾言，有損諾言在孩子心中的威嚴和重要性。

✎ **本節筆記：**

誠信需要從小培養，父母就得要以身作則，為孩子
起到好的榜樣作用。

✓ **你能這麼做：**

家長向孩子許諾，就要兌現；一時不能兌現，要向孩子
解釋清楚，並約定兌現時間。家長遵守諾言，孩子才能
學會誠信。

第二十一節
感恩的心

　　有這樣一則小故事，講到一位辛苦持家的主婦，操勞了大半輩子，卻從來沒有從家人身上得到過任何感激。

　　有一天，她問孩子：「如果我死了，你會不會買花向我哀悼？」

　　她的兒子驚訝地說：「當然會啊！不過，妳在胡說些什麼呀？」

　　婦人一本正經地說：「等到我死的時候，再多的鮮花都已經沒有意義了，不如趁我還活著的時候，送我一

CHAPTER 2

讓孩子學會「做人」—
品德教育的心理學

朵花就夠了!」

有時候,一朵花就可以表達謝意,給對方喜悅及希望。可惜的是,有些人並非不願意表達感恩,而是天性木訥、害羞,不好意思大聲說:「謝謝!」,或是不懂得如何適當地向對方表示,尤其是不知道該怎麼向父母表達感恩。

也許,對方並不期待任何的回饋或報答,但這並不表示受惠的人就可以因此而忽略對方的付出。長期辜負別人的付出,其實是自己的損失。沒有道謝,就無法感受到彼此的好意在互動之間是多麼的幸福,也很可能因此而無法再繼續得到對方的恩惠。

其實,表達自己的感恩或接受對方的感恩,都需要練習,並且需要將它培養成為一種自然的習慣。「大恩不言謝!」只是客套話!恩惠不論大小,寧願相信「滴水之恩當還,是要報以湧泉!」

為了感恩,請向父母送上一句「謝謝」、一張賀卡、一封信、一通電話、一聲問候、一份禮物……

父母
必修的 **29** 節
教育心理學

　　尊重長者、孝敬父母是中華民族的傳統美德，但是，這種美德在一些獨生子女的身上很少看到。常常可以看到這樣的家庭生活鏡頭：吃過飯後孩子便逕自的去看電視或回房間去了，父母卻在那裡忙著收拾碗筷；家裡有好吃的東西，父母總是先讓孩子品嚐，孩子卻很少請父母先吃；孩子一旦生病，父母便忙前忙後，百般關照，而父母身體不適，孩子卻很少問候，凡此種種，值得憂慮。

　　有無孝敬父母的習慣，不單單是子女對父母的關心，其實質是一個能否關心他人的大問題。因此我們千萬不能忽視培養孩子尊敬長者、孝敬父母的好習慣。

　　要培養孩子養成孝敬父母的好習慣須做到以下幾點：

♠ 要建立合理的長幼有別的家庭關係

　　「合理的長幼有別」與封建家長制、一言堂是不同的。所謂「合理」，是指全體家庭成員（包括子女）之間是以民主平等的方式相處，父母要尊重孩子的獨立人格，尤其是在處理孩子自己的事情時，一定要充分聽取他們

的意見，盡可能按他們合理的意願去做。同時，家庭又是一個整體，不能各自為政，總要有人當家長，來「領導」家庭，管理指導家庭全體成員的生活。

父母是家庭生活的供養者，而且他們有豐富的生活經驗，自然應當成為家庭的核心和主事人。孩子（尤其是未成年人）應當在父母的指導幫助下生活、學習。

現在，不少的家庭中，孩子是「小太陽」，家長卻變成圍著孩子轉的月亮、侍從，這樣就形成孩子以自我為中心的小霸王性格，更談不上培養孝敬父母的好習慣了。因此，我們要讓孩子明白自己與父母的關係，知道父母是長輩、是家庭生活的主事人，而不能顛倒主次，任孩子在家庭裡逞強胡鬧。

♠ 要讓孩子瞭解父母為了他和家庭所付出的辛苦

現在不少孩子不知道父母的工作情況，不知道父母的錢是怎樣得來的，只知道向父母要錢買這買那，認為父母給孩子吃好的、穿好的、用好的是天經地義的事。這樣的孩子怎麼會從心底裡孝敬父母呢？為此，父母應

當把自己在外的工作和收入的情況告訴孩子，說得越仔細越好，從而讓孩子明白父母的錢得來不易。自然，孩子會逐漸珍惜自己的生活，也會從心底裡產生對父母的感激和敬重。

♠ 要從小事入手訓練培養孩子孝敬父母的行為習慣

教育子女孝敬父母的基本要求是：聽從父母教誨，關心父母健康，分擔父母憂慮，參與家務工作，不給父母添麻煩。若要把這些要求變為孩子的實際行動，就應當從日常小事做起。如關心家長健康方面：要求孩子每天要問候下班回家的父母親；當父母勞累時，孩子應主動幫忙或請父母休息一下；當父母外出時，孩子應提醒父母是否遺忘東西或注意天氣變化；當父母生病時，孩子應主動照顧、多安慰父母、替他們接待客人等。

孩子應承擔必須完成的家務工作，哪怕是吃飯時擺筷子。根據孩子的年齡、能力、學習狀況做合理的分配，具體的指導，耐心教導及多鼓勵。這樣不但有利於孩子養成分擔家務工作的習慣，也有利於孩子不斷增強孝敬

CHAPTER 2

讓孩子學會「做人」—
品德教育的心理學

父母的觀念：「父母養育了我，我應為他們多做些事。」

◆ **要以身作則，父母本身要做孝敬長輩的楷模**

孩子對待父母的態度，直接受到父母對待長輩態度的影響。有一個故事是值得借鑑的：從前有一對中年夫婦對年邁的父母很不孝順，他們把老人攆到一間破舊的小屋裡居住，每頓飯都用小木碗裝著一些不好吃的東西給老人吃。

一天，他們看到自己的兒子在雕刻一塊木頭，就問孩子刻的是什麼，孩子說：「我在刻木碗，等你們年紀大時好用。」這對中年夫婦猛然醒悟，便把自己的父母請回屋裡和自己一起居住，扔掉了那個小木碗，拿出家裡最好吃的東西給年邁的父母吃。小孩因此也轉變了對他們的態度，從此一家三代和睦生活。

可見，父母的榜樣對孩子的影響有多大。現在中年夫妻冷落自己父母的情況還是存在的。有些中年夫妻不僅不照顧自己的父母，反而千方百計的收刮年邁父母的財物，這給自己孩子的影響就更不好了。

　　因此，我們不僅要管好自己的小家庭，還要時刻不忘照顧年邁的父母，絕不能添了兒子就忘了老子。如果說平時因居住地較遠，工作較忙不能和年邁的父母朝夕相處，那麼在休假日時要盡量抽出時間帶著孩子回去看望家中年邁的父母，幫父母做些家務，和父母共聚同樂，盡一份子女應盡的責任和義務。如此日長時久，孩子耳濡目染，潛移默化，也會逐漸養成尊敬長輩、孝敬父母的好習慣。

✎ **本節筆記：**

為了感恩，請向父母送上一句「謝謝」、一張賀卡、一封信、一通電話、一聲問候、一份禮物……

✓ **你能這麼做：**

父母應當把自己在外的工作和收入的情況告訴孩子，說得越仔細越好，從而讓孩子明白父母的錢得來不易。自然，孩子會逐漸珍惜自己的生活，也會從心底裡產生對父母的感激和敬重。

讓孩子學會「做人」——
品德教育的心理學

第二十二節

要學會自我約束

有這樣一則小故事：

小威特六歲時，父親帶他去附近村子的牧師家做客，並在他家住了幾天。第二天吃早餐時，小威特打翻了一些牛奶。按威特家的規矩，打翻了食物是要接受處罰的，只能吃麵包。

小威特很愛喝牛奶，加上牧師全家都非常喜歡他，

給他的牛奶是經過特別調製過的，此外還有美味可口的點心。小威特的臉紅了一下，遲疑了一會兒，但還是沒有喝下牛奶。

父親假裝沒看見，牧師家的人看到這種情況，沉不住氣了，再三要他喝牛奶，可是小威特還是不肯喝。

牧師家的人不明白他為什麼不喝，就一再勸說，小威特終於說：「我打翻了牛奶，就不能再喝了。」

牧師家的人都說：「沒關係，喝吧！一點關係都沒有。」

父親只顧吃自己的點心，仍然假裝沒看見。小威特還是不喝，於是，牧師全家推測，小威特一定因為怕父親責備才不敢喝，就向小威特的父親發起進攻。

這時，小威特的父親讓小威特出去一下，然後向牧師全家說明了原因。他們聽了都說：「一個才六歲的孩子，因為一點小過錯就不能吃他喜歡吃的東西，你的教育也太苛刻了吧！」

小威特的父親解釋說：「不，小威特並不是因為怕

我才不喝的，而是因為打從心裡知道，這是約束自己的紀律，所以才不喝。」

可是牧師一家還是不相信，小威特的父親只好說：「既然這樣，那麼我先離開餐廳，你們把小威特叫來，再勸他喝，他肯定還是不會喝。」說完就離開了。

他們把小威特叫進去，熱情地勸他喝牛奶、吃點心，但毫無作用。接著他們又換了新牛奶，拿出新點心對小威特說：「吃吧！你爸爸不會知道的。」但小威特還是不吃，並一再說：「就算爸爸看不見，但上帝能看見，我不能撒謊。」

他們又說：「過一會兒我們就要去散步，你不吃東西，半路上會挨餓的。」

小威特回答說：「沒關係。」

牧師一家實在沒有辦法，只好把小威特的父親叫進去，小威特激動地流著淚如實地向老威特報告了情況。最後父親對他說：「小威特，你對自己良心的懲罰已經夠了。我們馬上要出去散步，你把牛奶和點心吃了，不

要辜負了大家的心意，你要牢牢記住今天發生的事。」小威特聽老威特這麼説，才高興地把牛奶喝了。

一個六歲的孩子就有這樣的自制力，牧師全家感到十分不解。

讀了這個故事，不知你有何感想，大家可能和牧師家的人一樣，也認為老威特的教育太嚴格了。是的，從某種意義上來説他的教育確實很嚴格。通常，嚴格的教育會給孩子帶來很多痛苦，但他的教育卻沒有，這是因為他的教育方法合理。

對孩子的教育就是這樣，只要從小做起，孩子就不會感到有任何的痛苦。孩子之所以害怕嚴格的教育，是因為剛開始時的教育方法不當。教育孩子，就像砌磚頭一樣，一定要打好基礎，老威特正是把這一點做得很好。

按這樣的教育方式，老威特從一開始，就對他要求很嚴格，家規始終如一。要知道有時允許孩子這樣做，有時又不允許，反而會給孩子帶來痛苦。正如詩人席勒所説：「我們不會對未曾得到的東西感到不滿足。」

CHAPTER 2

讓孩子學會「做人」—
品德教育的心理學

　　不允許做的事，一開始就不允許，孩子也就不會覺得有什麼痛苦了。老威特根據這個道理，從威特一歲時起，就嚴格要求，從未考慮過什麼「孩子太小可以放寬一些，長大後再嚴格一些。」

　　然而，現在的許多年輕父母，高興時對孩子不管不問，不高興時又格外嚴厲，沒有一個始終如一的規矩，這種朝令夕改的做法會給孩子幼小的心靈造成緊張和混亂。

　　要教育好孩子，父母必須有一個明確的是非觀念，父母自己思想混亂是教育孩子的大忌。另外，父母雙方的意見要一致，父母在家庭中的傳統形象是所謂的嚴父慈母，如果這是指父母意見不同，或者寬嚴不一的話，那麼這種家庭教育只能以失敗告終。

　　父母怎樣才能在不刺傷孩子的自尊心，不影響發展孩子獨立性和主動性而培養孩子的紀律性和對自己的嚴格要求呢？

　　列寧的父母從來不體罰孩子，但也使用過某種處罰。

例如：有哪個孩子過分淘氣做了不允許做的事情，那就把他帶到父親的書房裡，讓他坐在一張大皮椅上（孩子們都把這張椅子叫做黑椅子），好好想一想自己的行為。有時候也訓誡犯有過錯的孩子，這種訓誡，既是一種嚴厲的處罰，同時又是一種喚醒良知的教育。

不過，處罰只算次要的方法。對小孩子最常用的方法是誘導，母親常常把淘氣得厲害的孩子帶到餐廳去，坐下來彈鋼琴和他們一起唱歌或做遊戲，然後說說為什麼不能這樣淘氣。

◨培養孩子自覺遵守紀律的主要方法，是提出嚴格的始終如一的堅持不懈的要求。不管孩子做出了什麼不好的事，父母從不大聲呵斥、指責甚至辱罵；也不管孩子的任性使他們感到如何氣憤，他們總是善於克制自己，找到合理的辦法說服孩子並堅持自己的要求，毫不妥協。

◨周密地安排好家庭生活有助於進行紀律教育。孩子除了上學之外，在家中，絕對準確地規定好起床、吃飯、睡覺、寫作業、玩耍、打掃的時間，從小養成遵守

規律作息的習慣，一年一年地執行下去，這種習慣就會
逐步成為一種自然的行為準則。

　　◘ 不僅是禁止做什麼，而且要允許做什麼，這對遵
守紀律都是有意義的。孩子們的自由是很多的，有時孩
子們在家裡玩老鷹抓小雞、捉迷藏、貓捉老鼠，撞得傢
俱嘩啦響，大喊大叫，哈哈大笑，整個屋子鬧哄哄的，
如果這時家裡沒有人在工作、學習或者休息，就不要刻
意去制止。因為這是有益於孩子身心發育的活動，也是
一種娛樂和消遣。

　　✎ **本節筆記：**

要教育好孩子，父母必須有一個明確的是非觀念，
父母自己思想混亂是教育孩子的大忌。另外，父母
雙方的意見要一致，父母在家庭中的傳統形象是所
謂的嚴父慈母，如果這是指父母意見不同，或者寬
嚴不一的話，那麼這種家庭教育只能以失敗告終。

✓ **你能這麼做：**

家長在家裡可以規定三條不可更改的規則。

第一條：凡是不該做的事，就是不能做，決無讓步可言。

第二條：要孩子們應當明白為什麼有些事情不可以做的道理。

第三條：不管是大人還是孩子都同樣要遵守家裡所規定的規則。

第二十三節
要與自然
為善

　　德國十分重視對孩子的環保教育，德國一年級的小學生剛到學校註冊報到，就會領到一本環保記事本。記事本封面一片綠翠，上面有森林、草原、草地和田野，就像在德國高速公路兩旁常見的風景一樣。

　　事事注重務實的德國人，對孩子的環保教育同樣的務實。德國的教室很大，右前方有洗手台和置物櫃，還

有四個不同顏色的垃圾桶，分別丟棄金屬、廢紙、塑料和食物。分類丟棄垃圾的習慣孩子們早在幼稚園就已養成。孩子們喝茶進餐用的杯碗都是玻璃、金屬或瓷器的，沒有塑料和紙，這些都可以重複使用。

在自然的懷抱中，孩子們學著種樹、種花甚至種莊稼，體會食物的來之不易和大自然的恩賜。學生還參加太陽能玩具製作大賽、健康早餐會等活動。在德國東部勃蘭登堡州的希夫海德科林生態保護區，有專門為孩子們建立的小農場，柏林的孩子們有時也會到這裡來住上一周，學習生態保護和生態農業知識。

亞里士多德曾經說過：「我們每一個人都是由自己一再重複的行為所鑄造的。因而優秀不僅是一種行為，而且是一種習慣。」保護環境就要從「小」養成這種好習慣。其實，環保離我們並不遙遠，很多都是生活中的小事，只要能堅持從我做起，從生活中的點滴小事情做起，就一定能夠收到實效。

我們做了哪些危害環境的行為呢？

CHAPTER 2

讓孩子學會「做人」──
品德教育的心理學

　　實例一：為了方便，小貝貝從出生到三歲，使用了數不清的紙尿片。

　　實例二：媽媽是職業婦女，回到家為了減少家務的工作量，家裡大量使用一次即丟的免洗餐具，客人來也都使用。

　　實例三：因為抽取式衛生紙的方便性，它取代了手帕、抹布的功能，小潔家幾乎什麼都用衛生紙，擦手、擦汗、擦桌子、擦灰塵等，真是衛生紙的最佳消費者。

　　看了上述三個很平常的生活實例，好像在現代化的生活中，並沒有什麼特別的地方，因為幾乎每一個人、每一個家庭在不知不覺中都已經是過著這般方便、有效率的日子了，不是嗎？人類文明進步的目標之一：方便、省時、省力可讓我們嘗到的甜頭，可惜的是，後遺症卻是千萬年後，後代子孫為我們的方便付出慘痛的代價！為了全體人類的生活品質，環保教育已經是今日不做，明日會後悔的重要大事。

♠ 環保工作，就從日常生活做起

小琦今年三歲，媽媽是一個注重生活環保的媽媽，怎麼說呢？小琦和媽媽上班、上學都是用自己帶的水壺和環保餐具，晚上一家人下班、放學回到家中，小琦和媽媽一起清洗餐具、水壺，媽媽常常和家人一起動手製作第二天的餐點、飲料。小琦家自製的飲料有酸梅湯、冬瓜茶、菊花茶、紅棗茶、桂圓茶等，這些好喝的健康飲料都是媽媽的傑作！

小孩的飲食習慣大多是大人養成的，市面上流行的碳酸飲料、速食店裡炸雞、炸薯條、高熱量的漢堡、甜食、巧克力、糖果等食品（兒童食品），非常的迎合孩子的口味，大人又常以方便或小孩喜愛為理由，提供這類食品（兒童食品）給孩子，若因此而輸掉孩子的健康，可不划算！

速食、小吃都是提供現代人吃的方便，但是動手製作健康、環保的食物，帶環保餐具，雖然對自己是不太方便，對環境卻是大有幫助喲！

CHAPTER 2

讓孩子學會「做人」──
品德教育的心理學

♠ 帶孩子參加生態保護團體的活動

帶領孩子，走入自然、享受自然、保護自然，讓世世代代的子孫都能有機會一覽地球的美麗風貌，探知自然的奧妙，領悟生命的意義，得到大自然的啟示與靈感，讓這片土地繼續美麗，充滿自然生機，這是我們這一代的每個人不容推卸的責任與義務，也是我們的權利。

♠ 帶領孩子參加資源回收的活動

環保工作最能達到效果的就是從自身的生活做起，在親子互動中，教導孩子物盡其用，省吃儉用的美德，期許自己成為環保小尖兵的責任使命，對生命與全人類的生活，賦予特別的永續資源回收再利用的意義。並且推廣環保觀念，回收可再利用的資源，物盡其用，減少垃圾量，減少物品的製造量。

♠ 簡單生活的消費觀念

一、平常將居家整理整齊、有序，讓生活中可以方便找到需要的東西。家人的起居作息不會受到雜物亂放的干擾，又可減少因為找不到東西而亂買東西的浪費。

孩子在成長過程中，慢慢養成物品歸類的能力，從小養成收拾、整理東西、物歸原處的好習慣，自然可以避免找不著東西的情形，不但可以節省時間又可以物盡其用。

二、孩子的玩具（購買玩具）、用品太多時，家長可以訂定「一進一出」的規定，並且盡量參加環保回收的活動，以物易物交換玩具（購買玩具），減少因佔有欲望，而造成的環保問題。

三、孩子畫畫、寫字紙張的使用，也以正、反兩面重複使用為原則。

四、減少購物時包裝的浪費，以自己帶購物袋為佳。

五、選擇較耐用的、本地出產的產品，避免交通燃料的浪費。

六、多用手帕、抹布，少用會造成樹林濫伐的衛生紙。

CHAPTER 2

讓孩子學會「做人」──
品德教育的心理學

✐ **本節筆記：**

保護環境就要從「小」養成這種好習慣。其實，環保離我們並不遙遠，很多都是生活中的小事，只要能堅持從我做起，從生活中的點滴小事情做起，就一定能夠收到實效。

✓ **你能這麼做：**

注重日常養成。環保教育，孩子接受的多少，主要是在於生活中的發現，還需注重平常的養成。從小就培養良好的習慣和環保意識，平時，我們多做解釋和提示，使孩子瞭解到所做的事情就是環境保護，讓孩子逐步領會，掌握環保知識。

父母

必修的 **29**節

教育心理學

CHAPTER 3
健康的身體，健康的生活 ——

生活教育中的心理學

如果一個人用一千元買你孩子的一隻手指，用一萬元買他的胳膊，用十萬元買他的腳，用一百萬買他的身體，用一千萬買他的生命？你會把孩子賣掉嗎？當然不會。那就對了，世界上沒有什麼能比擁有一個健康的身體更讓人感到幸福和滿足。

第二十四節
強身健體的運動

　　運動不但能讓小朋友的身體結實健康，而且運動還能訓練孩子的意志力。運動對任何年齡的兒童都非常有益，無論孩子參加的是像籃球、足球這樣的團隊運動，還是像體操、跑步這樣的個人運動。在運動中，孩子能學到新的技能，懂得運動家的精神，增強自信，這些都對孩子的終生有益。

CHAPTER 3

健康的身體，健康的生活 —
生活教育中的心理學

　　家長帶著孩子做運動時，應該根據孩子的年齡特點，選擇適宜的運動內容和方法。比如，家長可以帶孩子到室外曬太陽、拍皮球、做體操、游泳、跳繩或玩遊戲等，這些都能使孩子達到運動的效果。

　　適當地讓孩子曬太陽，對孩子的健康有益。陽光裡含有紅外線和紫外線。紅外線能使身體發熱，促進血流循環，使新陳代謝旺盛，增強人體的活動能力，紫外線能使皮膚裡的表皮角固醇轉變成維生素 D。

　　維生素 D 進入血液以後，能幫助孩子吸收食物中的鈣和磷，預防和治療佝僂病和骨質軟化症。紫外線還可以刺激骨髓製造紅血球，防止貧血，並且能殺滅皮膚上的細菌，增強皮膚的抵抗力。

　　所以，家長應該適當地帶孩子曬曬太陽、吸收新鮮空氣，做做日光浴。孩子出生後兩個月，就可以到室外曬太陽。曬太陽的時間，冬天最好在上午九點到十二點之間，下午三點到五點之間。夏天曬太陽不要在中午曬，若氣溫在三十二度以上，家長可以幫孩子戴頂白帽子，

不要讓太陽光直照頭部會造成中暑。會走路的孩子，可以以散步、做遊戲等方式曬太陽。

氣候適宜的話，家長可以帶孩子去游泳。游泳對孩子的身體更是一種全身性的運動，它能使體型勻稱均衡健康的成長。同時還可以培養孩子勇敢堅強的意志。

家長帶孩子做體操可使孩子的動作靈敏和增強身體的抵抗力。滿週歲左右的孩子，可以由家長拉著上下肢做各種動作。

二、三歲時，孩子動作發展比較平穩了，又喜歡模仿，可以讓孩子學做模仿操。如，可以讓孩子跟大人學「鴨子走路、鴨子游泳」一搖一擺的，一邊走（或游），一邊發出「嘎嘎嘎」的聲音，還可以學「小雞啄米」，頭一點一點的，也可以學青蛙跳躍，一蹦一跳的發出「哇哇哇」的聲音。

四、五歲的孩子可以教他做徒手操，或拿著毛巾，啞鈴等做操。這樣不僅有益身體健康，也能培養孩子按時起床的好習慣。

在帶領孩子做運動的過程中，家長們需要注意下面
幾點。

◗ 先做初步的運動。發展兒童走、跳、鑽、爬、攀
登之類的基本動作。使兒童動作協調、靈活、敏捷。如
果條件允許的話，用音響放一些輕音樂，讓孩子模仿你
伴著音樂做連續的各種練習動作，如伸展，擴胸，腰、臂、
腿繞環等。為了發展孩子的柔軟性，可帶孩子彎彎腰、
踢踢腿、翻翻筋斗等。

◗ 兒童不宜做過於激烈的運動。兒童的心臟發育還
未成熟，容積小，心肌纖維細，不適合做心肌負擔過重
的運動。因此，宜採取以發展有氧代謝功能為主的運動
項目，如：強度中等的慢跑、球類活動、體操、跳繩、
打羽毛球、溜冰以及各種遊戲等。

◗ 兒童時期的運動，宜由緩到急，由簡到繁，掌握
運動量很重要。正確掌握強度、時間，會使兒童的健康
得到較大的提高。父母最好幫助孩子建立運動日記。記
錄每日的運動時間，運動項目，進展情況，以及兒童的

身體反應等，以便做到循序漸進，逐步調整。

　　❶合理安排兒童的生活。兒童處在成長的時期，需要充足的睡眠。安排兒童的運動時間，一般宜在清晨。清晨空氣新鮮，室外活動能使大腦皮質區迅速消除睡眠時的抑制狀態，又可獲取大量的氧氣，對一天的學習、生活都有益處。

　　早晨活動，不要起得過早，運動時間也不宜過長，一般的半小時就可以了。運動後的飲食也應給予額外的補充。

　　❶學會觀察兒童運動後的身體變化。從孩子的呼吸、臉色、汗量、聲音、動作等情況，掌握兒童的運動效果，以便靈活安排他們的運動內容和程序。

　　此外，父母還應鼓勵兒童學點體育知識，有計劃地讓兒童看點體育表演和體育雜誌，培養兒童對體育運動的興趣。節假日還可帶孩子出外郊遊、登山、跑步，跟大人一起活動，孩子的興致會更濃。

CHAPTER 3

健康的身體，健康的生活 ——
生活教育中的心理學

✎ 本節筆記：

家長需要督促孩子持續做運動。大多數的孩子自覺
性不高、毅力不強，需要家長多督促孩子做運動。
如果家長不嚴格要求，就可能出現「三天打魚，兩
天曬網」的情況，就達不到鍛鍊身體、強健體魄的
目的。

✓ 你能這麼做：

父母親最好和孩子一起做運動，這是對孩子最好的鼓勵。
父母如果無法天天與孩子一起運動，也要抽出時間定期
檢查孩子的運動狀況，並給予及時的鼓勵、表揚或指導，
孩子就會漸養成運動健身的好習慣。

第二十五節

要吃飽也要吃好

　　隨著經濟的發展和物質生活的改善，一般青少年兒童的飲食營養有了較大的提高，但是中小學生飲食速度過快、吃過多的「垃圾食品」等問題也較為明顯。

　　一份調查發現，中小學生吃零食的比率高達九十五％，「從不吃零食」的僅為二‧三％。零食中糖果、巧克力是孩子們的最愛，還有餅乾、蛋糕等甜點和瓜子、

CHAPTER 3

健康的身體，健康的生活 ——
生活教育中的心理學

花生等乾果。尤其值得關注的是，泡麵、烤香腸、炸雞排等燒烤油炸食品也成了孩子們的零食，麥當勞、肯德基……這些「速食快餐」是最受孩子們歡迎的熱門食物。

隨著現代生活節奏越來越快，不僅成年人忙忙碌碌，連孩子們吃飯也在趕時間。調查發現，中小學學生們普遍進餐過快，尤其是早餐和午餐。

二十‧三％的被調查者在五分鐘之內吃完早餐，有八十五‧五％的青少年兒童在十五分鐘以內吃完早餐。

午餐也是速戰速決，十八‧三％的青少年兒童在十分鐘之內吃完午飯，七十二‧五％的青少年兒童吃午餐所用的時間不超過二十分鐘。只有晚餐可以稍微從容一些，但也有將近一半的青少年兒童在二十分鐘內吃完晚飯。

營養專家們認為，青少年兒童進餐時間每頓飯最好不要少於二十分鐘。進餐過快，會使食物得不到充分咀嚼，不僅加重胃腸的消化負擔，降低食物營養消化吸收的比例，而且也無法激起孩子們對飲食的興趣。進餐過快，還容易導致飲食過量、造成肥胖。

如何讓孩子養成正確的飲食習慣呢？

▫ 要給孩子營養均衡的膳食結構，不能一味的大魚大肉，要豆、蛋、魚、肉、蔬果均衡的分配。

▫ 增加活動量，多運動，積極的鍛鍊身體；要控制孩子對零食的攝取量。

▫ 讓孩子們每天吃牛奶或其製品是最佳的選擇。因為牛奶含有豐富的優質蛋白質和人體各種必需氨基酸，還有脂肪、乳糖、多種維生素及鈣、磷等多種礦物質，營養價值較高，又容易吸收。因此，牛奶被人們譽為「完善的食品」。經常飲用既有利於兒童的成長發育，也有助於智力的發展。

CHAPTER 3

健康的身體，健康的生活 —
生活教育中的心理學

✎ 本節筆記：

青少年、兒童時期都是人生發育的高峰期，這一時
期攝入的營養，不僅需要維持身體新陳代謝，還需
要有適量的儲存以維持繼續生長發育的需求。一旦
錯過了這一重要時期，將給青少年、兒童的身體發
育和健康成長造成不可彌補的損失。

✓ 你能這麼做：

孩子飲食攝取的責任在父母，父母應該用心觀察孩子的
食慾、精神狀態、睡眠和大小便等狀況，一旦發現異常
就要及時調整。

第二十六節
家有胖娃娃

近年來，孩童肥胖的問題有越來越嚴重的趨勢。肥胖兒童的問題會日益嚴重，最主要的還是因為一般人都不認為這是種長期的疾病，而是認為這只是孩子吃得過多所造成的。

家長，特別是祖父母必須要知道，肥胖並不一定就是福，而是一種病。長期肥胖能使孩子在中年，甚至是更年輕時患上冠心病、中風、高血壓等病症。況且，約四十％的肥胖孩童膽固醇也過高，另有十五％的肥胖孩

童更在第一次接受體檢時，發現患有第二型糖尿病。

除了會引發一連串的健康問題外，肥胖的孩童還必須克服心理上的一些問題。孩子可能會害怕到人多的地方，因為怕被人取笑。而要減肥成功，除了要吃得健康外，還包括了運動，也就是說，如果孩子害怕到游泳池或人多的地方運動，就較難達到減肥的效果。

讓孩子意識到均衡飲食的重要性，並合理安排他們樂於接受的均衡飲食方式及內容；向孩子推薦並督促他們進行有利於減肥的運動項目如游泳、慢跑、跳繩等。

一個孩子需減肥，全家人都要動員起來，以免孩子有孤軍作戰的落寞感。

負責飲食的家長應遵從均衡飲食金字塔的原則，即堅持以米飯（若以糙米代替白米更佳）作為每餐的主食。除主食之處，蔬菜和水果可多吃，乳類食品每日一～二杯，瘦肉、家禽類、魚類、豆類及蛋類每日合計攝取三～七兩，盡量不吃高脂及高糖食物。如果家長本身亦有肥胖的困擾，則更有必要如此行事。

♠ 定時定量均衡安排一日三餐

　　為了避免孩子進食過度，不要在孩子的飯裡拌上太多的肉汁及調味醬料，並叮嚀孩子細嚼慢嚥。孩子的早餐不可缺，晚餐不宜吃得過飽，宵夜更是不宜吃。

♠ 家長在烹調食物時應注意事項

　　▶ 多用蒸、焗、白灼的方法，少用煎、炸、炒、燜。

　　▶ 減少油、糖的份量。

　　▶ 烹調原料多用魚類、蔬菜、去皮家禽等，不用肥肉，以減少脂肪含量。

　　▶ 不要將肉類整塊烹調，製成整隻的雞腿、豬、牛排等，而應切細改成肉片、肉絲或碎肉的方式，配合其它素菜做出不同的菜色，這樣的菜餚既美味爽口，又可以避免孩子吸收過多的脂肪。

♠ 擴展娛樂活動

　　孩子無聊時最喜歡做的事，一是守著電視機看懶得動彈，二是零食大把大把地往嘴裡塞，這兩件事都容易導致孩子肥胖。

CHAPTER 3

健康的身體，健康的生活 ——
生活教育中的心理學

　　家長不妨多陪孩子做一些有益身心健康的運動或遊戲，如集郵、繪畫、唱歌、打球等，使他們的生活變得豐富多彩，這樣既能把孩子從電視和零食的誘惑中解救出來，還能使家人之間的感情更加緊密，家長何樂而不為呢？

✎ 本節筆記：

兒童肥胖是許多因素作用的結果，不良的生活習慣是引起兒童肥胖的主要原因。只有家長幫助孩子建立起健康的生活模式，才能恢復並長期保持正常體重。

✓ 你能這麼做：

幫助孩子減肥不要急功近利，千萬不要讓孩子嘗試那些對他們的生長發育有害的藥物或斷食的措施，而應著重於幫助他們建立健康的飲食習慣和生活規律：鼓勵孩子樹立減肥的信心及堅持才能勝利的信念。

第二十七節
不要養個
「電視孤獨兒」

現代人的家裡至少都有一台以上的電視機，理由是讓家中不同成員各取所需。但如果在孩子臥室裡也放電視機，只會讓孩子和家中其它成員更疏遠，也會影響他們做功課和睡覺的時間，更糟的是父母看不到孩子是否看了不健康或不該看的節目。

別因為無暇陪伴，就把孩子丟給電視。相反的，可

讓孩子來分擔一部份家事。像職業婦女曉清很早就注意到，家裡唯一的孩子一放學就趴在電視機前，叫也叫不動，而她又要忙著準備晚餐，沒辦法陪她。

後來她想出一個好方法，就是找女兒一起準備晚餐。所以女兒從小學三年級開始，就會在一旁幫忙洗菜整理菜葉，慢慢的還學會了炒菜。她也利用這段時間和女兒聊天談心，瞭解她一整天發生了什麼事。

多年後王曉清開心地說，沒想到可以一舉數得，一開始只是不想讓她看太多電視，後來卻教會她做菜，母女倆還因此變得很親近，讓爸爸都有點嫉妒。

但她也說，一開始的確有點困難，因為孩子想看電視，會排斥她的提議，但經過她的堅持及鼓勵讚美，女兒才慢慢接受。

她也建議每個父母都要花心思想一下，如果沒辦法陪小孩，又不想用電視當保姆，就該找事給他們做。當然，也別把電視當處罰或獎賞工具，因為那將增添電視的價值與神奇魅力。

　　大人也要以身作則，關掉電視，花心思創造更多有趣的家庭活動，因為，如果不想讓孩子看電視，大人以身做則，和小孩溝通會更有用。

　　看電視不但會影響青少年的學習及心理健康，還會給青少年的身體帶來一些危害。

　　國二的小強近日放暑假獨自在家，幾乎整天坐在電視機前看電視，要不就是打電動，近日他發現自己眼睛充血、眼球乾澀，只好讓媽媽帶自己去醫院就診。

　　醫學上把上述症狀稱為「乾眼症」，這是因為長時間盯著螢光幕會使人的眼球充血，出現眼球乾澀；同時還會使視網膜的感光功能失調，引起一定的視覺障礙。長時間看電視不僅會導致「乾眼症」，還可能產生以下「電視病」：

　　一是肥胖症。長時間看電視會減少人的體力消耗，造成皮下脂肪堆積，很多人看電視時會在不知不覺中吃下零食，使人不知不覺間長胖。

　　二是電視孤僻症。據調查，三至七歲的兒童若看電

視時間過長，將會變得孤僻，難以與人溝通。

三是腸胃病。邊看電視邊吃飯，經常會造成胃功能紊亂，易引發腸胃疾病。

♠ 合理安排孩子看電視的時間

合理安排孩子看電視，可以開拓孩子的視野、擴大孩子的訊息量，而且可促進孩子的思維訓練、增加其知識、技能的儲備，有益於孩子的全面發展。

與孩子共同討論看電視的時間，並建立相應的獎懲制度，以培養孩子抗拒誘惑的自律能力。不要讓孩子連續看好幾個小時的電視，這對孩子身心健康均有不利影響。合理安排孩子看電視的時間，不僅應留出足夠的學習時間，還應兼顧孩子其它形式的娛樂活動，尤其是各類體育運動。

♠ 為孩子選擇恰當的電視節目

為孩子選擇電視節目時應考慮孩子的年齡特點、認知水平與興趣愛好，同時應注意觀看的內容健康向上。絕不能對孩子收看的電視節目內容放任自流，而要進行嚴格把關，杜絕孩子受到不良影響。

選擇電視節目時應和孩子商量、尊重孩子發表意見的權利，不要一味地指責孩子幼稚、無聊，或一味的讓孩子按自己的意願選擇。選擇電視節目和電腦內容時應兼顧到娛樂性與教育性，既不可只顧「好玩」，也不宜將其變成純粹的「變相學習」。根據孩子的成長，一起和孩子調整對電視節目、電視內容的選擇。

♠ 及時地對孩子進行監控與指導

經常陪孩子一起看電視，可一邊陪孩子看電視，一邊和孩子交流或主動詢問孩子對電視節目的意見、看法，隨時瞭解孩子認知的變化。和孩子一起看電視，不僅可以理解孩子、聯繫親子感情，而且可以對孩子的疑惑及時進行指導，並把一些正確的觀念直接言傳身教給孩子。

CHAPTER 3

健康的身體，健康的生活 ——

生活教育中的心理學

當孩子在看電視方面出現問題時，不要一味的指責或批評，應以引導和教育為主。幫助孩子釐清節目的好與壞、對與錯，鼓勵孩子在生活中以「好」孩子、「好」行為作為榜樣努力去做，而要摒棄那些「壞」孩子的做法和「壞」行為。

♠ 不要讓電視成為孩子的保姆

家長不要因貪圖一時的輕鬆，放任孩子看電視。讓電視成為保姆，不僅會影響孩子的視力和身體健康，而且容易形成孩子與他人交往和適應社會的障礙，對孩子的身心發展都極為不利。家長應適當地控制孩子看電視的時間，並積極發展孩子其它有益身心的嗜好，以免孩子沉溺於電視世界中不能自拔。

家長每天應抽出一定的時間陪孩子玩遊戲，和孩子聊天或一起活動，多鼓勵孩子走出家門、走出電視的天地，去參加體育活動、團體活動或和同伴一起玩遊戲。

✎ **本節筆記：**

大人也要以身作則，關掉電視，花心思創造更多有趣的家庭活動，因為，如果不想讓孩子看電視，大人也應以身做則，和小孩溝通才會更有用。

✓ **你能這麼做：**

如果沒辦法陪小孩，又不想讓電視當保姆，就該找些事讓他們做。

第二十八節
睡得好
身體就好

　　人的一生中有三分之一的時間是在睡眠中度過的。
缺少睡眠或睡眠過多，都會對智力發育產生不良的影響；
而正常的睡眠，則是人體解除疲勞，恢復體力和腦力，
有利於工作與學習的一種生理現象。

　　繁重的學習任務和對孩子不切實際的期望，很容易
給孩子帶來巨大心理壓力。有的家長讓孩子每天課內、

課外學很多東西，常常讓孩子搞到晚上十一、二點才睡覺。在緊張和壓力下，不少中小學生出現睡眠不足、失眠、夢魘、遺尿以及原來的磨牙、夜驚加重等睡眠障礙，所以，家長應當盡可能減輕孩子的負擔，適當安排休閒時間，這樣不僅保障孩子健康的睡眠，也能讓孩子學習有效率。

在熄燈睡覺前的半小時到一小時內，可做入睡前準備，讀篇優美文章，聽段柔和樂曲，這樣可以幫助產生睡意。千萬不能在睡前從事興奮性活動，比如打電子遊戲、看恐怖片等，在臥室躺在床上看電視也不提倡。

有些家庭喜歡開燈睡覺，也有些家庭父母喜歡看電視到很晚，讓孩子聽著電視發出的聲音睡覺。但這些聲光刺激一定會對孩子的睡眠造成干擾，大大影響孩子的睡眠質量，應予以避免。

另外，營造舒適的睡眠環境也很重要，過熱、過冷、空氣差、噪音都應盡可能消除。

有的中小學生喜歡睡前或深夜進食，這是一種影響

CHAPTER 3

健康的身體，健康的生活 —
生活教育中的心理學

睡眠的壞習慣，應加以糾正。夜間不可喝過多的飲料，不喝咖啡、茶，養成這些良好習慣才能有益睡眠。

鍛鍊能夠促進睡眠，每天堅持固定時間的體育運動，可大大幫助增進睡眠質量。但是，不提倡夜間睡前進行體育鍛鍊，因為這樣做會造成夜間興奮，延遲睡眠。

在小孩出現夜驚或夢遊時，千萬不可將之喚醒，如果此時將小孩喚醒，反而會加重這類睡眠障礙發生。不過，家長在小孩出現夜驚或夢遊時，可記下具體發作時間，以便在小孩下次發作時提前一～五分鐘叫醒小孩，夜驚或夢遊發生一般是有規律的，這樣可逐漸減少夜驚或夢遊發生。

家長處理小孩睡眠障礙時，主要應從小孩的心理調整上考慮，始終保持小孩的心理放鬆。上述睡眠障礙不可怕，也不要吃藥治療，隨著小孩年齡增長，這些睡眠障礙會逐漸好轉乃至消失。如果孩子到了十四～十五歲青春期後，還出現夜驚甚至發作頻繁，就須去醫院就診，否則會導致小孩的精神障礙。

父母必修的 29 節 教育心理學

♠ 充足的睡眠時間

孩子究竟睡多少時間最佳？一般來說，五～九歲的兒童每天要睡十～十一小時，十～十三歲兒童要睡九十小時，十四～十八歲兒童要睡八小時左右。不過，其中也有個體性差異，不可機械地套用。

如果一個孩子雖然沒有達到上述睡眠時間，但白天精力充沛，注意力集中，無嗜睡表現，就不應認為其存在睡眠不足。

♠ 正確的睡姿

關於睡眠的姿勢，中醫很講究，強調「臥如弓」，其標準姿勢為：身體向右側臥，屈右腿，左腿伸直；屈右肘，手掌托在頭下；左上肢伸直，放在左側大腿上。認為這種姿勢能「不損心氣」，而睡醒之後要改為仰臥，伸展四肢，即所謂的「睡則不嫌曲縮，覺須手足伸舒」，這樣可使「精神不散」。

♠ 溫馨的前期準備

孩子睡眠之前，一定要用溫熱水洗腳。這能使身體

上（腦）下（足）保持協調，從而清心安神，使睡眠安寧。

♠ 舒適的枕頭

枕頭對智力和大腦的保健也很有講究。由於孩子睡熟之後會輾轉滾動，因此枕頭要長一些。枕頭不宜過高，「高枕無憂」這句話是錯誤的。因為過高的枕頭會使頸項部的肌肉緊張，通往大腦的血液循環不通暢，第二天會昏昏沉沉，頭脹頭痛。孩子們的枕頭，一般以十～十五公分左右的高度為宜，幼稚園的孩子不宜超過十公分，嬰兒則可以不用枕頭。

某些智力障礙或智力不全的兒童可以試用藥枕（請醫生開出針對病情的裝枕藥物），也可以選一些具有治療作用的枕芯填充物，如蕎麥皮、桑葉、菊花、綠豆皮（即發豆芽時剩下的綠豆殼），這些藥物有清腦安神、除熱寧心的作用。

🖎**本節筆記：**

家長應當盡可能減輕孩子的負擔，適當安排休閒時間，這樣不僅保障孩子健康的睡眠，也能讓孩子學習有效率。

✓ **你能這麼做：**

節假日最好也要定時上床睡覺和定時起床，這樣有利於建立和保持良好的睡眠節律。

第二十九節
拒絕餐桌
文化

　　可能許多家長都有這樣的感受，平常工作忙，幾乎
沒有時間和孩子溝通，只有在吃飯的時候一家人才能聚
到一起，所以抓緊時間教導孩子。但是，如果教育不得
法，對孩子今後的成長非常不利。

　　上一年級的小磊平時很活潑，但一到飯桌上就像變
了個人一樣，什麼話也不說，匆匆扒完飯就跑了。他的家

長很納悶。最後，咨詢了早教專家才知道，由於以前父母一到吃飯的時候，就開始數落孩子這個沒做好，那個沒做好，小磊有時候興高采烈地想告訴父母一些學校的開心事情，父母往往都嚴厲地說：「該吃飯的時候就吃飯，別說話！」久而久之，小磊對父母產生了牴觸情緒。專家還說，不僅孩子心理受影響，生理分泌也要受到抑制，各種消化機能也將嚴重受阻，形成條件反射，勢必挑食厭食，發育不良。

其實，餐桌雖小但意義重大。家長如果能夠營造一個愉快、舒適的進餐環境，就等於搭建了一個和孩子良好溝通的橋梁。在愉快的環境當中，孩子有發表自己「高見」和「新聞」的機會，既有利於孩子語言表達能力的發展，又有利於父母瞭解孩子的內心世界，同時還有利於活躍進餐的心理氣氛。

家長也可以利用餐桌這個「陣地」培養孩子的參與意識和進餐禮儀。比如可以讓孩子做一些擺放餐具、收拾餐具的事情，讓孩子有家庭責任感。

CHAPTER 3

健康的身體，健康的生活 —
生活教育中的心理學

　　在吃飯的時候，要注意一些禮儀，比如要等家人或是客人都坐下了，才可以動筷子；好吃的東西要先考慮到別人，不能把好吃的菜都放自己的碗裡；咀嚼東西以及喝湯時，不要發出聲響；夾菜時不要東挑西翻等等。不過，這方面的訓練需要耐心，需要持之以恆，才能取得預期的效果。

　　因為工作繁忙，很多父母沒有時間管教孩子，於是一日三餐，尤其是晚餐，往往成了教育孩子的好時機，美其名曰「餐桌教子」。據青少年研究中心日前在全國二千五百名中小學生中進行的調查顯示，有超過一半的孩子在吃飯時挨過父母的批評。

　　確實有不少父母習慣於在進餐時間「開庭」教子。應該說，家長孩子同圍一張桌，同吃一鍋飯，的確是一個交流思想、傾吐心曲、溝通情感的好機會，良好的餐桌氛圍，可使人心情愉悅，對孩子的生活和學習都會有積極的作用。

　　可是有不少家長飯碗一端上桌，便喋喋不休，不是

對孩子的學習成績不理想橫加指責，就是對子女活動、交友等追根究底的問，弄不好還雷霆萬鈞。這不僅挫傷了孩子的自尊，還使孩子食不知味，對吃飯產生了一種習慣性的懼悚和恐慌，嚴重擾亂了孩子的生理和心理秩序。

《論語·鄉黨》説「食不語」、「食勿言」。從生理角度看，吃飯時專心致志細嚼慢咽，有助於食物的消化吸收。當然，家長借聚餐之機給孩子加以善意、積極的啟發引導也並非不可，比如三言兩語地瞭解一下孩子的在校情況，講點有益的文化知識和當天新聞等。

但切不可一味地質問追尋、提要求、下命令，更不可不容孩子分辨，就吹鬍子瞪眼睛，甚至拍桌子摔碗筷。作為家長，應努力為孩子營造積極健康、樂觀向上的餐桌文化氛圍，切莫在餐桌上亂「開庭」。

一些家長，經常會利用全家在一起吃飯的時候，教育孩子，尋問功課，檢查作業，緊張的氣氛令孩子有飯吃不下，有湯喝不好，孩子哭哭啼啼，愁眉苦臉，家長

氣上心頭，滿臉怒容，弄得好好的一桌飯菜，誰也吃不下。

兒科醫生告訴家長：「餐桌教育」害處很多，孩子突然受到家長的訓斥、責問，精神就會緊張，食欲也就消退，唾液分泌迅速減少，長此以往，形成不良條件反射，孩子一到吃飯就緊張，久而久之，孩子可能會出現厭食現象。

同時，每當進餐，孩子胃腸道的消化腺就會分泌消化液，經過消化液的消化分解後，就被腸壁吸收。因此，如果進餐時遭到家長訓斥，已經興奮起來的消化腺，也會受到抑制，消化液大大減少，食物難以充分消化、吸收、造成消化不良。

專家建議，就餐時，家長應製造輕鬆愉快的就餐環境，可播放一些悠揚、活潑的樂曲，既為孩子提供了愉悅的就餐環境，又提高了孩子欣賞樂曲的能力，真乃一舉兩得。

如果你想成為一個好父母，那麼就好好學習下面這八種餐桌態度吧！

♠ 一、認識到脂肪只是飲食中的一部分

父母不要讓孩子的注意力只集中在脂肪上，應該將更多的心思花在怎樣在飲食中增加不同的品種，比如水果、蔬菜、全麥穀物類食品，如果你增加了食物的品種，無形中孩子自然而然會減少脂肪的攝入。健康的飲食並不僅僅是指你吃什麼，還包括怎樣吃，其中一些態度和行為應該成為每一餐的組成部分。

♠ 二、和孩子一起認真享受每一餐

餐桌上如果一直過分關注應該吃什麼，不應該吃什麼，就會使食物聽上去像毒藥。食物應該是一種令你感到滿足並得到享受的美味東西，健康的飲食意味著品嚐和享受各種各樣富有營養的食物，這比總是想著哪些食物對人有害，是不能吃的重要得多。

♠ 三、坐下來享受

父母精心挑選和準備食物，並規定一些就餐的規矩，

孩子安靜地坐在餐桌前吃飯可以學到就餐的禮儀並得到
美味佳餚帶來的享受。如果允許孩子吃飯時東奔西跑，
他們往往會選那些比較容易吃的食物，就無法學會品嚐
一些富有營養但吃起來較為複雜的食物。如果父母本人
不能坐下來陪孩子一起吃飯，最起碼要請家中的老人，
或是保姆陪孩子一起吃飯。

♠ 四、在餐桌上不要勸誘、禁止和賄賂

在每頓飯之前，你永遠無法預測孩子到底需要多少
能量。當孩子處於快速生長階段，或是剛剛經歷了激烈
的體育運動之後，他們會尋找類似牛排、奶油之類的高
熱量食物，而當孩子感覺不太餓的時候，他們的注意力
就不會集中在那些高能量的食物上。因此，父母最好在
每一頓飯中準備卡路里含量不同的食物，有些高有些中
等有些低，相信孩子能夠根據自己的需要，為自己挑選
合適的食品，並決定吃多少。

♠ 五、不斷地提供新的食物。

孩子對新的從未吃過的食物總是抱著懷疑的態度，

在第一次看到這些食物的時候他們一般不願去嘗試。但是如果一直看到它們出現在餐桌上，大人們也在津津有味地品嚐，即使沒有人強迫他們嘗試，總有一天孩子會自己提出要求嚐嚐這些從未吃過的東西。但是如果父母只準備孩子已經接受的食物，就使他們失去了品嚐並喜歡不同種類食物的機會。

♠ 六、為孩子做個榜樣

作為父母，如果你自己不拿個蘋果或是柑桔嚼嚼，而光是命令孩子「去吃點蔬菜和水果」，孩子是不會照你說的去做的。為了讓孩子吃這些健康的食品，父母首先要樹立一個榜樣。

♠ 七、永遠不要說「永不」

有些父母認為某些不能過量吃的食物應該永遠受到禁止。是不對的。如果孩子喜歡巧克力，要讓他吃，但不必每天都吃。

♠ 八、不僅僅關注餐桌

如果希望孩子生活得健康，不要僅僅擔心脂肪，更

多的關注應該不要讓孩子吸二手菸，以及預防孩子出現其他一些意外。

✎**本節筆記：**

餐桌雖小但意義重大。家長如果能夠營造一個愉快、舒適的進餐環境，就等於搭建了一個和孩子良好溝通的橋梁。

✓ **你能這麼做：**

家長也可以利用餐桌這個「陣地」培養孩子的參與意識和進餐禮儀。比如可以讓孩子做一些擺放餐具、收拾餐具的事情，讓孩子有家庭責任感。在吃飯的時候，要注意一些禮儀，咀嚼東西以及喝湯時，不要發出聲響；夾菜時不要東挑西翻等等。

培育
文化　生活成長系列 55

父母必修的29節教育心理學

編著　　沈依潔
責任編輯　賴美君
美術編輯　姚恩涵
封面設計　林鈺恆

出版者　培育文化事業有限公司

信箱　yungjiuh@ms45.hinet.net

地址　新北市汐止區大同路3段194號9樓之1

電話　（02）8647-3663

傳真　（02）8674-3660

劃撥帳號　18669219

總經銷：永續圖書有限公司

永續圖書線上購物網
www.foreverbooks.com.tw

法律顧問　方圓法律事務所　涂成樞律師

出版日期　2020年07月

國家圖書館出版品預行編目資料

父母必修的29節教育心理學 / 沈依潔編著.
-- 初版. -- 新北市：培育文化，民109.07
面；　公分. -- (生活成長系列；55)
ISBN 978-986-98618-5-4(平裝)

1.教育心理學 2.親職教育

521　　　　　　　　　　109006480

※為保障您的權益，每一項資料請務必確實填寫，謝謝！

姓名		性別	□男 □女
生日	年　　月　　日	年齡	

住宅地址　郵遞區號□□□
_____

行動電話		E-mail	

學歷

□國小　　□國中　　□高中、高職　　□專科、大學以上　　□其他_____

職業

□學生　　□軍　　□公　　□教　　□工　　□商　　□金融業
□資訊業　□服務業　□傳播業　□出版業　□自由業　□其他_____

謝謝您購買　**父母必修的29節教育心理學**　與我們一起分享讀完本書後的心得。
務必留下您的基本資料及電子信箱，使用我們準備的免郵回函寄回，我們每月將
抽出一百名回函讀者，寄出精美禮物以及享有生日當月購書優惠！想知道更多更
即時的消息，歡迎加入"永續圖書粉絲團"
您也可以使用以下傳真電話或是掃描圖檔寄回本公司電子信箱，謝謝！

傳真電話：（02）8647-3660　電子信箱： yungjiuh@ms45.hinet.net

●請針對下列各項目為本書打分數，由高至低5～1分。

　　　　　　5 4 3 2 1　　　　　　　　　5 4 3 2 1
1.內容題材　□□□□□　　2.編排設計　□□□□□
3.封面設計　□□□□□　　4.文字品質　□□□□□
5.圖片品質　□□□□□　　6.裝訂印刷　□□□□□

●您購買此書的地點及店名_____

●您為何會購買本書？

□被文案吸引　　□喜歡封面設計　　□親友推薦　　□喜歡作者
□網站介紹　　　□其他_____

●您認為什麼因素會影響您購買書籍的慾望？

□價格，並且合理定價是_____　　□內容文字有足夠吸引力
□作者的知名度　　　□是否為暢銷書籍　　□封面設計、插、漫畫

●請寫下您對編輯部的期望及建議：